**DA BOTICA AO BOTECO**

NÉLI PEREIRA

# Da botica ao boteco
*Plantas, garrafadas e a coquetelaria brasileira*

5ª reimpressão

Copyright © 2022 by Néli Alves Pereira

Companhia de Mesa é um selo da Editora Schwarcz S.A.

Grafia atualizada segundo o Acordo Ortográfico da Língua Portuguesa de 1990, que entrou em vigor no Brasil em 2009.

*Capa, ilustrações de capa e miolo*
Estúdio Arado

*Preparação*
Mariana Donner

*Revisão*
Angela das Neves
Clara Diament

---

Dados Internacionais de Catalogação na Publicação (CIP)
(Câmara Brasileira do Livro, SP, Brasil)

Pereira, Néli
 Da botica ao boteco : Plantas, garrafadas e a coquetelaria brasileira / Néli Pereira. — 1ª ed. — São Paulo : Companhia de Mesa, 2022.

 ISBN 978-65-86384-12-3

 1. Bebidas 2. Bebidas – História social e cultural 3. Bebidas – Usos e costumes 4. Plantas medicinais – Brasil – História I. Título.

| 22-120668 | CDD-394.1309 |
|---|---|

Índice para catálogo sistemático:
1. Bebidas : Utilização : História : Costumes   394.1309

Aline Graziele Benitez – Bibliotecária – CRB-1/3129

---

Todos os direitos desta edição reservados à
EDITORA SCHWARCZ S.A.
Rua Bandeira Paulista, 702, cj. 32
04532-002 — São Paulo — SP
Telefone: (11) 3707-3500
www.companhiadasletras.com.br
instagram.com/companhiademesa

*Mas o grande sertão dos Gerais povoava-o, nele estava, em seu amor, carnal marcado. Então, em fim de vencer e ganhar o passado no presente, o que ele se socorrera de aprender era a precisão de transformar o poder do sertão — em seu coração mesmo e entendimento. Assim na também existência real dele sertão, que obedece ao que se quer. — "Tomar para mim o que é meu…" Como o que seja, dia adiante, um rio, um mato? Mil, uma coisa, movida, diversa. Tanto se afastar: e mais ver os buritis no fundo do horizonte.*

Guimarães Rosa, "Buriti"

# Sumário

*Introdução* .......................................... 9
*Garrafada para abrir os trabalhos e a leitura* ............. 15

### PARTE I
### O ÁLCOOL, AS ERVAS E UMA HISTÓRIA DE MILÊNIOS

1. Elixires para dragões dormirem ..................... 21
2. Os alquimistas estão chegando ..................... 39
3. Triagas, os jesuítas e as origens da garrafada ........... 43
4. Os primórdios monásticos e medicinais do gim ........ 59
5. Tônicos e tônicas .................................. 69
6. Curas que remediam negócios ...................... 73
7. Aperitivos e digestivos ............................ 87

### PARTE II
### ERVAS ENCANTADAS DO BRASIL

8. Sem planta, não tem Brasil ........................ 101
9. A cuia ........................................... 113
10. Mensagem na garrafa(da) ........................ 127

## PARTE III
### FINALMENTE, O BOTECO

11. Da botica ao boteco pé-sujo em alguns goles ......... 153
12. A colonização do paladar .......................... 171
13. *Spirit* dos tempos ................................ 193

# Introdução

Vamos abrir os trabalhos.

Já que é assim que se marcam o início da gira em um terreiro e o começo dos goles em torno de uma mesa de bar, para a primeira de muitas rodadas, é assim que abrimos esta leitura, para vocês, e esta escrita, para mim. Como uma espécie de ritual.

São ritos como esses, sagrados ou profanos, que fazem da cultura popular brasileira o que ela é, repleta de encantamentos. Ritualizamos um gesto simples como tomar uma cerveja no boteco, mas também o fazemos ao oferecer uma pro santo antes daquela cachacinha. A pesquisa que originou este livro é fruto de uma dessas muitas interseções da nossa cultura, uma dessas encruzilhadas.

Os ingredientes que venho pesquisando e que apresento nas próximas páginas vivem nesse cruzo: são ervas, cascas, raízes e plantas ora embebidas em álcool, para que delas se possam extrair princípios ativos de cura em garrafadas cheias de histórias, ora cantadas por entidades sagradas a fim de benzer, energizar e descarregar. Além desses usos, há outros, tão corriqueiros: um ramo que traz de volta o amor perdido, uma folha que, guardada na carteira, atrai prosperidade financeira. Com banhos de cheiro e de ervas, estamos embebidos da cultura popular quando falamos em plantas no Brasil.

O que proponho neste trabalho é mais um cruzo, mas dessa vez de fronteiras: trazer esses ingredientes brasileiros usados principalmente de forma medicinal para o uso em coquetéis, a partir de uma pesquisa de sabor. Da mata ao bar, com muitas conexões. A intenção é ressignificá-los para que, ao serem atribuídos de mais um fim, sejam ainda mais valorizados, em todo seu potencial — medicinal e ritualístico, mas também porque carregam um valor ainda bastante desconhecido: o *gosto*. Sim, no final das contas, além de todo o significado cultural desses ingredientes, quero saber que sabor têm a catuaba, a carqueja, o mastruz, a jurubeba. Você saberia me dizer?

A resposta que mais ouço quando faço essa pergunta é: "amargo". As próximas páginas pretendem mostrar o desperdício dessa generalização e quiçá agucem seus sentidos para usufruir de todo o complexo mapa de aromas e sabores que se formam quando nos abrimos para experimentar — e brindar —, com papilas gustativas atiçadas, o que é nosso.

Que gosto tem o seu Brasil? Sei que os contextos históricos não nos deixam com nada além de um amargo na boca e que as amarguras do nosso país são bem difíceis de engolir. Apesar disso, somos uma terra de sabores intensos e inexplorados — da uva do Sul à uvaia do Sudeste, do buriti ao butiá, do caju ao cajá — pra já! E por não os (re)conhecer, não os defendemos de uma eventual extinção. Tínhamos, em 2019, segundo a Arca do Gosto, projeto do Slow Food Brasil que mapeia alimentos com risco de extinção, centenas de ingredientes e técnicas à beira do desaparecimento. Esse é o tamanho do nosso descaso. Sim, é preciso reconhecer uma cultura para defendê-la — "tomar para mim o que é meu", dizia Guimarães Rosa. Quão longe ainda estamos desse gole? Espero que este livro ajude a encurtar distâncias, apontando caminhos.

Logo no início da minha pesquisa sobre os sabores desses ingredientes — que, apesar do estranhamento do uso em coquetéis, podem soar familiares, como boldo, carqueja, urucum — me dei conta de que não conseguiria avançar na análise sensorial dessas plantas ou usá-las em receitas de drinques sem me debruçar sobre as técnicas de preparo igualmente populares e brasileiras. Por isso, logo descobri que as garrafadas estariam no centro deste trabalho. Amplamente utilizadas na medicina popular, são uma ferramenta importante para aprender a utilizar, misturar e retirar não apenas princípios ativos, mas *sabor* das plantas. Além do mais, essas panaceias populares estão por toda parte no nosso país, cruzam fronteiras religiosas, barreiras sociais, cruzam terreiros, terruás e territórios. As garrafadas carregam curas e mensagens pelo Brasil todo e nos ajudarão no caminho que percorreremos juntos aqui.

Ainda que este estudo seja pioneiro em desvendar os sabores desses ingredientes e o uso das garrafadas como técnica para a coquetelaria, a etnofarmacobotânica foi uma linha importante de pesquisa para apoiar vários dos estudos que apresento aqui.

## O QUE É ETNOFARMACOBOTÂNICA?

Segundo Maria Thereza Lemos de Arruda Camargo, a etnofarmacobotânica consiste em "um desdobramento da etnobotânica que visa resgatar de grupos humanos os saberes sobre as plantas medicinais e seus usos a partir dos remédios populares simples e compostos e as respectivas indicações terapêuticas".*

Em outras palavras, essa linha de pesquisa procura os "saberes populares" sobre o uso de plantas medicinais — desde os princípios ativos mais conhecidos e recomendados até os rituais que fazem parte do sistema de crença e de cura.

Maria Thereza Arruda Camargo é um dos principais nomes da etnofarmacobotânica no Brasil — reparem que ela tem "arruda", uma erva poderosa e brasileiríssima, até no nome, uma predestinada. O nome da pesquisadora foi um dos primeiros com que tive contato quando iniciei esta pesquisa, há quase dez anos. Ao procurar artigos científicos e acadêmicos sobre as garrafadas brasileiras, eram os estudos de Maria Thereza os primeiros que eu encontrava, e alguns datavam ainda da década de 1970, quando ela visitava terreiros, bancas de raizeiros, erveiras e benzedeiras para colher informações sobre plantas e seus usos medicinais e populares pelo país. Foi ela também quem primeiro conceituou e catalogou garrafadas receitadas em diversas partes do Brasil. É dela o conceito que uso ao longo deste livro sobre essas panaceias populares: "Garrafadas são uma combinação de plantas medicinais, produtos animais e minerais, tendo como veículo a aguardente ou o vinho".**

---

* Maria Thereza Lemos de Arruda Camargo, *Plantas medicinais e de rituais afro-brasileiros*. São Paulo: Almed, 1988. p. 123.
** Id., *Plantas medicinais e de rituais afro-brasileiros II*. São Paulo: Ícone, 1998. p. 192.

Maria Thereza tem mais de noventa anos e segue pesquisando intensamente sobre a nossa flora e seus usos populares, ligados sobretudo à religião. Tive o privilégio de estar com ela — em leitura e presencialmente, entrevistando-a — dezenas de vezes durante a escrita deste livro, para o qual ela é uma referência. Foi Maria Thereza quem criou o primeiro herbário de plantas medicinais ligadas ao sagrado no Brasil, na Universidade de São Paulo. O herbário não existe mais, perdeu recursos e foi extinto. A pesquisa dela, no entanto, continua a mil por hora, como ela.

"Já estudei o uso das plantas no candomblé, na umbanda, nas curas de Padre Cícero, em várias religiões afro-brasileiras. Mas lá no Nordeste se receita muito remédio com planta ainda. Meus livros acabaram sendo todos sobre as folhas. Sempre quis pesquisar a medicina popular e por isso tenho andado o Brasil inteiro desde os anos 1970 e ainda tenho muito fôlego para continuar, eu não descanso não. A garrafada tem uma história muito linda, razão de não afastá-la de meus estudos", ela diz. Ainda bem.

DA TERRA AO COPO

O trajeto que começo a desenhar nas próximas páginas inicia e termina na terra, de onde brotam os mais incríveis ingredientes, e vai passando por goles e tragos que começam medicinais e vão, aos poucos, se transformando em elixires, até se tornarem bebidas. Ao longo da leitura, se transformam também as maneiras de modificar a natureza com o auxílio do álcool — para os mais diversos fins.

E não faremos esse percurso de bico seco. O que proponho são dois dedos de prosa e dois de pinga, sempre com moderação. Vamos bebericando uma coisa aqui e outra ali enquanto proseamos. Você vai encontrar, ao longo do livro, receitas de coquetéis clássicos e autorais, de preparos como vermutes e bitters, e sugestões de garrafadas para serem usadas como agentes de sabor e técnica de preparo nos drinques. Pelo caminho, vamos colhendo ervas, cascas e raízes e conhecendo um pouco mais sobre a história e o sabor de cada uma — catuaba, carqueja, boldo, milome e tantos outros ingredientes brasileiríssimos. Mais que receitas, eu pretendo mostrar caminhos.

Minha intenção é que, ao reconhecer e percorrer essa história, você seja instigado a fazer suas próprias alquimias, unir os seus "lés com crés" e olhar o entorno com mais curiosidade, encantamento e propriedade para levá-lo aos seus próprios coquetéis. Oxalá quando termine a leitura, a sede de Brasil e a vontade de beber pelo país invadam seu copo e sua casa, que as jurubebas e os açaís bailem imersos nas suas batidas e que não faltem mastruz e guaco nesse brinde. Espero que essas ervas curem a doença brasileira de achar que o nosso é pior ou menos valoroso, e que nos sirvam, como vêm servindo ao longo da história, de proteção. Protegendo, com todas as bênçãos, de todos os orixás, entidades e encantados, também a nossa cultura. Que baixem todos os santos para receber sua bebida como oferenda.

Nossa gira está aberta. Com marafo, borogodó e saravá. E com saúde, sempre!

# Garrafada para abrir os trabalhos e a leitura

MODO DE FAZER

Para preparar um coquetel ou uma garrafada, é preciso recorrer a uma receita de vida: encontrar o equilíbrio. Infelizmente não há uma fórmula mágica nem para um caso nem para o outro. Você já deve saber que não existe busca mais almejada e mais complicada do que esta: uma vida equilibrada. Um bocadinho a mais de amargor — ou de amarguras — e todo o restante parece desandar. Até a doçura, quando demasiada, também estraga. E se a vida te dá limões, melhor cuidar para não deixar que a acidez cítrica tome conta de toda a sua limonada e azede de uma vez o seu humor. É um ajuste fino dos infernos, não é mesmo? Uma receita milagrosa que parece ter funcionado tão bem no passado, quando empregada novamente não provoca o mesmo resultado. Assim como, no susto, um improviso acaba por resolver um problema que parecia insolucionável.

A vida não tem receita. Nem as garrafadas. E, embora os coquetéis tenham medidas precisas, nem sempre os ingredientes se comportam da mesma forma: cada drinque requer um tiquinho a mais disso ou daquilo. Em comum, apenas tentativas, com erros e acertos; caminhos que mostram uma direção, mas não entregam atalhos — esses a gente é que vai descobrindo pelo caminho, cada um a seu modo. Por isso, é importante lembrar que este não é um livro apenas de receitas de coquetéis brasileiros. É uma pesquisa feita empiricamente, da qual eu compartilho nestas páginas alguns percursos e direções. O caminho no meio na mata está aberto, mas você terá que atravessá-lo com o seu caminhar, a seu tempo.

INGREDIENTES

Sabe-se que o paladar humano consegue distinguir cinco sabores: amargo, doce, azedo, salgado e umami. E sabemos o gradiente entre eles. Se nas garrafadas é o amargor que prevalece, podemos destacá-lo, equilibrá-lo ou até mesmo camuflar seu poder, a depender do que pretendemos com o resultado final. Na escrita deste livro, procurei fazer o mesmo, respeitando os cinco sabores e tentando equilibrá-los de alguma forma, sem perder a mão.

Dos amargos, trago carqueja, jurubeba, milome e algumas amarguras históricas como a invasão portuguesa e a tentativa de extermínio dos povos originários e dos negros, o peso do mito fundador das três raças, o preconceito dos relatos dos primeiros naturalistas, a perversidade dos jesuítas posando de bons moços, o aniquilamento cultural promovido desde os portugueses. E tento equilibrar essas amarguras com as doçuras tão encantadas da nossa terra: macela, camomila, jucá e macaçá; as rezas das benzedeiras, as simpatias e garrafadas das raizeiras, as frestas nas quais culturas tidas como marginais resistiram;

as mandingas, os saberes indígenas. As brasilidades. E não deixo de fora o umami, esse gostinho de conforto aconchegante do chá e do colo de vó, das ervinhas colhidas no quintal de casa, de pisar na terra. Mesmo que nossa garrafada fique azedinha como o butiá em certas partes do caminho, e que aqui e ali o trajeto seja mais insosso ou exagerado no sal, os goles vão se equilibrando, na corda bamba da história. A receita da garrafada está, acima de tudo, no recado que ela carrega, e que começo a repassar a partir de agora.

## COMO TOMAR

Se tem uma coisa na qual as garrafadas medicinais se parecem é na prescrição — a forma como essas panaceias devem ser ingeridas para que sejam eficazes —: um pouquinho, às colheradas, todos os dias. Elas funcionam é na persistência. Seus efeitos são lentos e cumulativos. O corpo meio que vai se acostumando aos princípios ativos das plantas que compõem as receitas e se transforma com eles, curando males. Assim também é a leitura deste livro. Talvez você não queira tomar tudo de uma vez, mas apreciar em pequenos e constantes goles, sentindo o paladar se transformar com o tempo — menos grapefruit, mais jurubeba. Menos do de fora, mais do de dentro. Mais Brasil, com seus amargores e amarguras. Mais tomar para si o que é seu. Talvez em um dos goles seja uma receita que chame a atenção; no outro, uma estripulia histórica, um personagem ao qual você se afeiçoa. Tome devagar, digerindo com o auxílio de tantas plantas, a nossa história. E brinde no final. O brinde, de Brasil — esse sim é obrigatório.

PARTE I

# O álcool, as ervas e uma história de milênios

*Nesta primeira parte, vamos seguir a história das plantas embebidas em álcool, sua trajetória desde a medicina até os goles recreativos. Você vai conhecer receitas, técnicas e alguns dos personagens — e dos goles — essenciais para se contar essa trajetória — do Egito a Pindorama.*

# 1. Elixires para dragões dormirem

Um pote de vidro com algumas plantas submersas em álcool é um universo. Ali dentro ocorre uma transformação intensa e histórica — o líquido vai mimetizando a planta, com todas as suas características e poderes: sabor, princípio ativo, cor.

Pegue o lírio-do-brejo, por exemplo. A flor brota linda e alva feito estrela no céu no meio da touceira verde desengonçada, nas margens de rios e beiras de estrada na Mata Atlântica. Forma um botão delicado, um lírio pequenino, travesso. Sua colheita implica em pés molhados — elas gostam dos terrenos alagadiços, sorvem dele água e nutrientes e os transformam em um cheiro doce como o do jasmim e num sabor inesquecível: aquele floral adocicado de mel. Quando as colho, quase com dó, as embriago ligeiramente. Pego duas ou três florezinhas, repouso-as em vidros de compota e, para que permaneçam umidificadas, despejo sobre elas o mais cheiroso e saboroso gim.

Logo elas se entregam, começam a perder a cor branca e vão se desmanchando transparentes, se despindo vagarosas, sapecas. Já desnudas, as flores liberam o aroma como um gozo lento, e deixam para sempre a bebida impregnada de sua presença.

Depois de catá-las e submergi-las no álcool, fico acompanhando essa transformação como uma voyeur, enxergando cada vez mais por entre as pétalas antes tenras. Quando finalmente abro a tampa, um aroma sobe. Mel, flor, um cheiro de perfume antigo. Coo a mistura, guardo o que restou das flores para secar e fazer uma defumação — nada se perde de sua beleza e poder. O líquido está pronto: gim macerado na flor do lírio-do-brejo.

Preparo um coquetel, sem querer camuflar o que a natureza acaba de entregar: um elixir precioso. Coloco a infusão em um copo grande, potencializo o sabor floral com um toque de licor de flor de sabugueiro, finalizo com vermute bianco para dar mais uma camada de sabor e acentuar a doçura sem estragá-la. Mexo, sirvo numa taça de cristal delicada e entalhada feito renda. Para decorar, uma flor inteira para lembrar que é dela que vem o sabor principal do que estamos prestes a beber. Pronto. Segure a tacinha pela haste, delicadamente. Levante-a contra a luz: é de um perolado transparente quase brilhante. Beba um gole. Sente o sabor floral vínico, o retrogosto de mel, o álcool muito discreto? Já devidamente servidos e de taça nas mãos, começamos a nossa história.

### OLHAI OS LÍRIOS
*por Néli Pereira*

---

60 ml    gim infusionado com flor de lírio-do-brejo*
20 ml    licor de flor de sabugueiro
15 ml    vermute bianco

Bata todos os ingredientes em uma coqueteleira com gelo, coe e sirva em uma taça coupé previamente gelada. Decore com uma flor de lírio-do-brejo.

\* Para a infusão, use uma flor de lírio-do-brejo para cada 200 ml de gim. Deixe macerando em um pote hermético, ao abrigo da luz, por 5 dias. Coe. Engarrafe.

O ofício que acabo de praticar, e que venho praticando desde o início desta pesquisa, é antigo e se modificou um bocado ao longo do tempo — transformar a natureza *em* ou *a partir do álcool* a fim de conservá-la, extrair dela propriedades medicinais e sabores, sugar princípios ativos poderosos, camuflar ou potencializar gostos e odores. Eis o que o álcool pode fazer com ingredientes do mundo vegetal, animal e mineral. Ao longo dos séculos, a mistura serviu a tantos propósitos quantos se pode imaginar. Curar e embriagar, no entanto, foram os mais populares, e se mantêm até hoje, ao lado de, é claro, degustar. Não podemos esquecer o agente de sabor, esse sedutor natural. Civilizações antigas atravessaram os séculos tentando descobrir os gostos e os princípios ativos — e psicoativos — de plantas e especiarias, e nos deixaram um legado de técnicas e receitas, facilitando o nosso caminho.

## ADENTRANDO O HERBÁRIO

Para ouvir esta história, venha comigo até o meu herbário, que fica ao lado do meu bar, no centro de São Paulo, onde guardo as infusões e alguns dos ingredientes dos coquetéis que vamos beber ao longo desta jornada. O cenário é meio caótico — não repare na bagunça. Estamos no subsolo de um galpão sem janelas e, por isso, ao abrigo da luz e do calor solar — ambiente propício para armazenar as macerações e as ervas, algumas delas penduradas de ponta-cabeça nas vigas aparentes. Vê ali? Maços secos de carqueja, aroeira, louro. O cheiro dessa sala é uma inconfundível mistura do odor de ervas e especiarias, um misto de jardim e perfumaria, de mata e casa de vó.

Minha mãe diz que isso aqui parece mais uma penteadeira, de tão cheia de tralha. Mas, no lugar de colares de pedras e pérolas escorrendo suas contas em porta-joias, estão pedaços de especiarias como puxuri e cumaru em pequenos potes de vidro rotulados e condimentos como o opaco e terroso pó de marapuama em recipientes menores. No lugar de perfumes, as prateleiras apoiam frascos de conserva e outras garrafas translúcidas que revelam plantas frescas como cipó-alho e jambu se desmanchando em álcool. Em outro vidro, um líquido denso e escarlate como veludo — tudo culpa da casca de catuaba.

Peço que você dê um passo para trás para olhar para o conjunto de estantes. Um frasco ao lado do outro. Dentro de cada um, transformações intensas ocorrem, silenciosas. Entre eles, ingredientes frescos como bagas, favas, pétalas, cascas, paus, raízes. Um gabinete de elixires. Escolha um dos potes e vá até ele. Abra-o, sinta o cheiro se desprendendo pelo ar, impregnado de cacau, baunilha e mel — eis uma baga de jucá, macerada lá dentro, transformando um simples álcool neutro em um verdadeiro coquetel (veja a receita nas próximas páginas). Continue segurando-o. Tome um cálice, dê um gole desse líquido. Agora, como num filme, veja um turbilhão de imagens fragmentadas passando aceleradas pela sua frente, uma viagem por civilizações — China, Egito, Mesopotâmia, Pindorama e as terras tupis, América, Grécia. A mistura de ervas e álcool em configurações diversas — tíquetes para um recorte e uma viagem no tempo. Flanaremos por ascensões e quedas de impérios, pestes e curas, encontraremos estudiosos, curandeiros e charlatões, naturalistas e indígenas, laboratórios e bodegas, castelos e monastérios. A cada gole, em taças ou cuias, faremos uma nova parada. Você verá a tradição desse ofício tão precioso e mágico. Atrás de mim, e de você, há milhares de anos de história. Percebe? Pare a cena.

Estamos entre os faraós no Egito, em 3150 a.C. O que você bebe é um macerado alcoólico medicinal à base de uva — predecessor do vinho — e ervas como bálsamo, menta, coentro e sálvia, além de resina de pinheiro. O líquido repousava em um jarro de barro, desenterrado das catacumbas de reis egípcios e que, descoberto por cientistas em 2009, guardava ainda resquícios da mistura para que pudéssemos contar essa história. Dizem que os egípcios inventaram a medicina e que os médicos da época eram chamados de *sunu* — meio xamãs, meio sacerdotes, acreditavam que a saúde e a doença eram consequências do humor dos deuses. Alguns chegavam a ter pacto com deusas consideradas maléficas. Contra os males, eles receitavam unguentos como gordura de crocodilo, bebida três vezes por dia. Ninguém era maluco de contrariar o panteão das deusas, não é mesmo? Além disso, todos buscavam a cura, numa era em que a medicina ainda era incipiente, mas as doenças, não.

Dê outro gole. Ele te leva à China. Tenha cuidado, pois em suas mãos há um vaso de cerâmica da dinastia Zhou, de 1046 a.C. Se quebrá-lo, serão milhares de anos de azar. A bebida retirada do precioso recipiente é um *yaojiu*, vinho medicinal à base de ervas e minerais como jade, além de componentes animais, que tem a fama de "cura para todo mal". Esse que você está prestes a experimentar foi preparado por botânicos e curandeiros disponíveis apenas aos imperadores. Na época que estamos visitando, a cura ainda está restrita à população VIP. Sua receita inclui genitais de foca, e, além de partes de animais marinhos, os compostos contam com pedaços de aves, cobras ou ossos de tigre e uma infinidade de misturas herbáceas usadas como medicamento. Certas receitas eram prescritas como "elixires para fazer dragões dormirem", ou ainda "remédios para aquecer o corpo". Mas não adormeça, temos uma longa jornada pela frente.

## JUCÁ

**Nome científico:** *Libidibia ferrea*
**Família:** Angiospermae/ Fabaceae
**Aparência:** pequena árvore, com até 6 metros de altura. Frutos do tipo vagem, de cor cinza-amarelada
**Incidência:** perene, nativa do Sul e Sudeste do Brasil
**Perfil de aromas e sabores:** achocolatada, condimentada como puxuri e noz-moscada, baunilha, cacau. Gosto medicinal, levemente amarga e doce

Descobri as bagas ou "bages" de jucá, como são conhecidas no Norte e Nordeste, numa das visitas ao Mercado do Ver-o-Peso, em Belém. As vagens me chamaram atenção pela popularidade: quase toda a banca de ervas tinha um pacotinho delas, que também estavam presentes em muitas garrafadas. Ao quebrar uma ao meio, um aroma de chocolate, adocicado, tomou conta do ar, lembrando um tamarindo, só que menos azedo. Na medicina popular, ela é amplamente utilizada para diversos fins — como cicatrizante em curativos e até para tosse —, e seu uso se dá pela tintura ou pelo xarope.

Na primeira vez que incluí jucá no cardápio, um cliente assíduo, o William, de origem e família cearense, chegou até o balcão e me perguntou, com o cardápio em mãos: "esse jucá aqui do drinque não é o medicinal, né?". Não demorei em encontrar uma baga no meu herbário e trouxe para mostrar-lhe. Ele começou a rir. "Deus me livre, minha mãe usa jucá em tudo. A gente tem coceira no pé, ela manda tomar jucá, dor de estômago, jucá, tosse, jucá. Nunca pensei em ver isso num coquetel. Vou ter que provar", disse. E aprovou. Mandou foto e tudo para a mãe, d. Graça, "lá no Ceará". Coisa linda devolver às pessoas o que já é delas, mas de uma forma diferente. Para que se apropriem. Para que seja para sempre parte delas. O jucá da d. Graça, santo remédio, brilhou muito em drinques com perfil mais achocolatado e de sabor mais medicinal. Danado.

Eu decidi usar o jucá como ingrediente de uma garrafada composta, que rende uma bebida tão complexa que pode ser tomada sozinha. Mas também o utilizo em um drinque que chamei de "Macaia" — termo que significa "mata", muito usado pelos caboclos na umbanda — e que fez parte do menu que criei em 2019, inspirado nas entidades e orixás da umbanda, batizado por mim de "Terreiros e terroirs".

## QUASE UM AMARO DE JUCÁ
*por Néli Pereira*

---

| | |
|---|---|
| 6 bagas | jucá quebradas em partes |
| 2 sementes | cumaru |
| 5 g | nibs de cacau |
| 5 g | andiroba |
| 10 g | salsaparrilha |
| 500 ml | vodca |
| 150 ml | xarope de baunilha do cerrado (ver p. 32) |
| 100 ml | água |

Em um pote hermético de vidro previamente higienizado, coloque os botânicos e a vodca. Deixe macerando por 10 dias, ao abrigo da luz e do calor, mexendo todos os dias. Coe. Adicione o xarope e a água. Ajuste conforme necessário.

## MACAIA
*por Néli Pereira*

---

| | |
|---|---|
| 50 ml | rum envelhecido |
| 30 ml | "Quase um amaro de jucá" |
| 15 ml | Averna |

Ponha os ingredientes em um mixing glass com gelo e mexa com cuidado com a colher bailarina. Coe e sirva em um copo baixo com gelo em cubos ou um cubo grande.

Como guarnição, sirva um pedacinho de chocolate amargo em cima do gelo.

## NA GRÉCIA DE HIPÓCRATES (E DIONISO, CLARO)

Voltemos ao frasco. Ao chegar à Grécia, quem te recebe agora é Dioniso. E se você logo pensou nos bacanais, tire o cavalinho da chuva. Nosso gole aqui é um brinde à mitologia e serve para pedir as bênçãos ao deus do vinho. Segure sua taça com o composto vínico preferido do deus grego: uma versão que recebe uma maceração de violetas, rosas e jacintos. Perfumado, vínico, floral, com um pantone púrpura. Em seguida, partimos rumo à ilha grega de Cós para um encontro com Hipócrates, o "pai da medicina", em 420 a.C.

Ele chega de cálice de cobre nas mãos, vestindo uma espécie de bata longa verde, com um manto vermelho pendurado em um dos ombros. Hipócrates já é um senhor de cabelos e barbas brancas compridas, pele alva enrugada, conhecido por ter uma personalidade calma, bom ouvinte. Não à toa, foi um dos primeiros a compreender que o psicológico de um paciente influenciava diretamente em sua saúde física. Além disso, a medicina que passou a exercer na Grécia tinha outros aspectos "holísticos", ao levar em consideração a influência da natureza na saúde, assim como a importância da harmonia no funcionamento do organismo, ressaltando a dieta alimentar equilibrada como fator essencial nesse ciclo.

Da natureza, Hipócrates retirava também os remédios que usava para tratar as muitas doenças que catalogou. Para estas, receitava preparados à base de vinho, que ora recebiam macerações de plantas medicinais e especiarias orientais como cardamomo, cominho e anis, ora eram misturados às variedades locais. Os sabores mais adstringentes eram usados como balsâmicos, enquanto os mais encorpados e herbáceos serviam para os males do estômago, por exemplo. Uma das ervas preferidas de Hipócrates era a artemísia, amarga de doer, mas com princípios ativos capazes de curar indigestões. O vinho que ele nos oferece, e que referencia seu nome, *vinum hippocraticum*, tem o gosto potente e mentolado desses condimentos anisados e do amargo de sua erva favorita, adicionado a muitos açúcares. Antes de bebermos, sussurro no seu ouvido que esse é o primórdio do vermute. Erguemos a taça aos preparos do nosso anfitrião e brindamos à saúde.

### XAROPES

Os xaropes são preparados líquidos nos quais é adicionado o açúcar, formando uma espécie de calda. No Brasil, há xaropes que se usam para fins medicinais ou para adicionar sabor às bebidas, caso do xarope de groselha e também dos lambedores, usados para diversos fins. Na coquetelaria, o xarope mais comum é o de açúcar (*simple syrup*), geralmente preparado na proporção 1:1.

**Xarope simples de açúcar** (simple syrup)

 1 litro água potável
 1 quilo de açúcar

Leve ao fogo uma panelinha com os ingredientes. Quando o açúcar se dissolver, antes da fervura, desligue. Espere esfriar e transfira para um recipiente (preferencialmente de vidro) fechado — pode ser uma garrafa — e identifique com uma etiqueta.

 Mantenha refrigerado. Embora não estrague com facilidade, convém usar o xarope em até 30 dias.

*Dicas da bartender*

- Prefira o açúcar cristal orgânico, que rende um xarope mais espesso.
- Você pode alterar o açúcar e fazer um xarope de demerara, por exemplo, para uma calda com gostinho de açúcar mais queimado, que funciona superbem.
- Para o chamado *double syrup*, ou xarope duplo, diminua a proporção de água 1:2 — um quilo de açúcar para meio litro de água, por exemplo. Fica mais espesso, e você precisará diminuir as quantidades.
- Neste livro, todas as indicações de xarope de açúcar são simples, a não ser que esteja especificado o contrário.

## Outros xaropes

Os xaropes são ótimos insumos para adicionar sabor sem precisar incluir mais de um ingrediente. Se você usa um xarope de maracujá, por exemplo, está adicionando o sabor frutado e azedinho da fruta ao açúcar em um ingrediente só. Por isso, vale a pena testar alguns xaropes e tê-los à mão na hora de preparar drinques com ou sem álcool.

Para fazer outros xaropes, gosto de usar duas técnicas simples. Você pode adicionar um chá forte no lugar da água, ou colocar o ingrediente dentro do xarope simples e retorná-lo ao fogo. Por exemplo, para um xarope de poejo, manjericão ou hibisco, basta preparar um chá forte desses ingredientes e repetir o processo do xarope simples, adicionando o açúcar e levando ao fogo. No caso das frutas, use sempre a polpa ou o suco. No caso das cascas cítricas (laranja e limão, por exemplo), procure colocar diretamente no xarope simples, para evitar que fiquem muito amargas — e lembre-se sempre de tirar a parte branca, que traz muito amargor.

O processo é o mesmo com ingredientes à base de pó, cascas de árvores, mais lenhosas, e certas especiarias — funciona melhor se você os colocar diretamente no xarope simples e levá-los ao fogo, desligando assim que começar a fervura. Esse é o caso da canela e da baunilha, por exemplo.

Não há uma regra para as proporções dos ingredientes saborizadores dos xaropes, mas, se você errar pelo excesso, sempre é possível corrigir adicionando mais xarope para equilibrar a mistura.

Os xaropes são grandes aliados na coquetelaria não alcoólica. Adicionando apenas água com gás, você já tem uma soda italiana artesanal. Experimente!

E não deixe de conferir aqui no livro a receita do Senegal (ver p. 181) para ter outras ideias.

*Xarope de baunilha do cerrado*

250 ml xarope simples
⅓ (ou 2 g) fava de baunilha do cerrado

Leve ao fogo baixo uma panela com os ingredientes. Desligue antes de ferver e deixe a baunilha dentro da calda por até 5 horas. Se quiser, pode coar. Se preferir, deixe a fava dentro do xarope ao armazená-lo, mas tome cuidado, porque o sabor vai se transformar com o tempo e, em alguns casos, pode estragá-lo. Faça ao menos 1 dia antes de utilizar.

*Xarope de mel*

O xarope de mel também é bastante usado na coquetelaria, pois o mel é um ingrediente espesso e de difícil diluição.

    200 ml mel de abelhas
    200 ml água fria

Misture os ingredientes em uma garrafa e chacoalhe, a fim de diluir o mel, formando um líquido homogêneo. A validade é de 30 dias na geladeira. Não deixe o xarope de mel fora da geladeira, porque ele vai fermentar. Fica ruim? Na maioria dos casos, não, mas é preciso tomar cuidado porque a fermentação pode fazer o recipiente explodir. Além disso, caso sua intenção seja a fermentação, procure orientações sobre recipientes específicos e tempo de duração.

*Atenção:* Os meles de abelhas nativas brasileiras são geralmente mais líquidos, ralos e mais ácidos. Se você estiver usando esses, muito provavelmente não vai precisar diluí-los em água.

## SHRUBS

Os *shrubs* são xaropes mais ácidos e menos espessos que adicionam acidez, dulçor e outros sabores aos coquetéis. Há muitas formas de prepará-los, e coloco aqui a receita que considero a mais simples — e que nunca me deixou na mão.

    Frutas carnudas e suculentas — manga, morango, melão, atemoia, goiaba, figo, cambuci, araçá e outras frutinhas da família das mirtáceas — geralmente rendem bons *shrubs*. Das frutas mais secas é mais difícil extrair o açúcar e a água.

Para preparar, siga as orientações, que são muito menos de "medidas" e mais de "olhômetro":

Em um pote hermético de vidro previamente higienizado, adicione o ingrediente que você escolher e o açúcar até ⅓ do recipiente (marque a quantidade com uma caneta ou da forma como achar melhor). Feche e mexa bem. Guarde por 7 dias, chacoalhando o vidro todos os dias vigorosamente. Depois de uma semana, o açúcar deve ter retirado da fruta seu sabor e formado uma calda. Coe-a e adicione a mesma quantidade que você colocou do açúcar e do ingrediente de um vinagre da sua escolha.

Está pronto seu *shrub*. A validade é de 30 dias. Mantenha refrigerado.

## GALENO, O MÉDICO SOMMELIER

Aproveite a viagem a Cós, de onde vamos seguindo pelo mar Egeu até Pérgamo, nossa próxima parada. Vamos ler alguns clássicos da literatura grega para ter uma noção melhor da importância da mistura de ervas e álcool para essa civilização. Na *Odisseia*, de Homero, as poções mágicas à base de ervas, mel e vinho da feiticeira Circe se mostram capazes de transformar homens em porcos, e por lá ainda vamos encontrar os antídotos oferecidos por Hermes feitos a partir da planta moli. Holy Moly! Até Helena produzia um poderoso *phármakon* (fármaco, remédio), com plantas como o lótus, para oferecer a

Telêmaco e Menelau. No longuíssimo poema *Ilíada*, do mesmo autor, é possível encontrar dicas de outros *phármaka*, feitos com erva-moura, mandrágora e outras plantas, para a cura de doenças enviadas ou não pelos deuses.

Já que estamos com exemplares desses clássicos na mão, façamos uma paradinha na biblioteca de Pérgamo para fazer uma doação ao acervo antes do nosso compromisso. O prédio é icônico, menor apenas do que a famosa Biblioteca de Alexandria. Quem sabe um leitor mais atento, aqueles ratos de biblioteca que amam o cheiro dos livros, não tenha o privilégio de ler em primeira mão algumas das obras mais importantes da literatura grega, séculos antes de serem impressas? Nosso relógio diz que estamos por volta do ano 170, mais do que na hora de encontrar nosso próximo anfitrião e dar nosso próximo gole. Eu já estou até sedenta. Antes, uma pequena recomendação: apesar de seus dois primeiros nomes — Cláudio ou Élio —, ele prefere ser chamado por Galeno mesmo, ou melhor: Galeno de Pérgamo, cheio de trique-trique — coisa de gente acostumada aos bons tratos de quem foi médico de Marco Aurélio, o imperador. Aqui entre nós, Galeno é um ser meio assim, de fronteiras e cruzos. Já, já você vai entender por quê.

Galeno nos recebe em sua casa-laboratório, que tem um jeito de gabinete de curiosidades. Nas paredes de pedra, as prateleiras estão abarrotadas de caixas com conchas e cornucópias, ossos de animais, peles e couros, pedras e metais dispostos macabra e sedutoramente como peças de museu. Os rótulos indicam: "*animalium partes*", "*turbinata*", "*conchillata*". Numa das mesas, um macaco dissecado. Ele percebe nosso espanto e nos convida a ficarmos à vontade, alertando que há muita coisa frágil pelo laboratório. Pede para sermos cuidadosos. Enquanto vai até uma adega improvisada, onde guarda seu vinho preferido, o Falerno, tentamos fazer um raio X de seus objetos. Entre eles, olhe ali, ao lado das conchas, três potes brancos bojudos com tampa de louça que lembram aqueles de farmácia. Os rótulos indicam: *hiera picra, terra sigillata, teriaga*. Os três são medicamentos à base de ervas que se tornaram conhecidos pelos preparos do nosso anfitrião, e foram registrados por ele na obra *De methodo medendi* [Sobre a arte de curar]. O primeiro é composto de aloe vera, mel e outras ervas medicinais. O segundo, de *terra sigillata*, é uma espécie de argila rica em minerais, e por fim, no terceiro pote, está uma das principais razões pelas quais estamos aqui: as teriagas. Embora não tenham sido criadas por Galeno, foi ele quem recuperou e aprimorou as receitas desses polifármacos, que uniam cerca de setenta ervas, cascas e raízes, principalmente compostos vegetais, em uma base alcoólica, e eram prescritos como poderosos remédios — entre os mais de quatrocentos que Galeno registrou ao longo da extensa carreira médica.

Nosso anfitrião retorna com seu Falernum na mão, prestes a nos servir. Repara que seguramos o pote de teriaga e questiona sobre o nosso interesse. Respondo que o motivo da nossa visita é justamente saber mais sobre a panaceia, que anos mais tarde viria a originar as garrafadas — remédios populares muito conhecidos no Brasil cuja técnica de preparo foi trazida pelos jesuítas, inspirados nos preparos galênicos. Ele sorri, como quem vislumbra a concretização de seu legado, e propõe um brinde.

Bebemos um gole do vinho de Falerno. Ele tem uma potência alcoólica que chega a queimar os lábios, um leve dulçor de uvas de colheita tardia e um amadeirado picante. A cor, âmbar, lembra um vinho oxidado. Digo minhas impressões para Galeno e ele conta que em sua obra mais famosa, o *De antidoto*, além de discorrer sobre receitas de remédios, ele também descreve uma degustação que fez de várias safras do Falerno, e diz que todas, sem exceção, estavam "sublimes".

Ali, ele também dá dicas sobre tempos de guarda e forma de armazenamento de vinhos. Percebendo meu interesse e minha familiaridade, ainda que parca, com o assunto, ele logo pergunta: "Vejo que a senhora entende um pouco da cultura vínica e da análise dessas bebidas tão preciosas — posso lhe perguntar de onde vem esse conhecimento?". Respondo que sempre me interessei pelo universo das bebidas e que fiz alguns anos de cursos de vinhos com uma sommelier, em que aprendi um bocado sobre análise sensorial. "Sommelier?", ele repete, com uma cara de quem não faz a menor ideia do que estou falando. Na época de Galeno, não tinha essa de sommelier não. Os vinhos eram analisados pelo sabor para serem receitados como remédios — os mais ácidos e ásperos seriam empregados em doenças diferentes do que os mais tânicos, por exemplo. E Galeno era exímio degustador, tanto que o imperador Marco Aurélio percebeu sua expertise e não foi bobo nem nada: logo delegou a ele, além do preparo de medicamentos, a tarefa de cuidar da adega do palácio — ofício que incluía a sugestão dos tempos de guarda, a análise da qualidade das garrafas e a indicação do momento ideal para consumi-las em todo seu potencial aromático.

Tá louco, hein, Galeno, vai ser esperto assim lá em Pérgamo, rapaz. Talvez pela expertise dupla tenha recebido o apelido de "Divino". Mas, me perdoem os deuses gregos, acho mesmo que Galeno tinha uma aura meio malandra, de fronteira, como quem cruza saberes, ultrapassa linhas, levando conhecimento daqui pra lá. Eis por que Galeno é quase um patrono do trajeto que estamos percorrendo daqui até as garrafadas medicinais e as pingas curtidas nos botecos centenas de anos mais tarde. Não só ele resgatou as teriagas, que virariam as garrafadas, como possibilitou os primeiros estudos sobre como degustar bebidas. Ou seja, ele foi um dos primeiros a perceber a linha tênue entre a farmácia e o bar. Levanto a taça, propondo um último brinde antes de partir, com o coração apertado por essa despedida.

Precisamos ser justos sobre essa figura pra que você não fique com a impressão errada. Muito diferente da malandragem que lhe atribuí, Galeno era formal, acadêmico, quase matemático. Inveterado em registrar receitas milimetricamente, devemos a ele a introdução da racionalidade aplicada à prescrição de medicamentos. Saem o curandeiro mágico e as adivinhações, tão comuns na época, e entram o empirismo, os testes, o pragmatismo. E Galeno deixou tudo registrado em seus escritos — um legado que foi evocado muitas vezes tanto para boas práticas quanto para aquelas mais duvidosas. O que teve de "preparado galênico" na mão de charlatão não tá no gibi. Nem no pergaminho.

## 2. Os alquimistas estão chegando

Nossa próxima visita vai fazer a oficina rústica de Galeno parecer bastante atrasada: será um laboratório alquímico de ponta em Salzburgo, na Áustria, e nosso próximo anfitrião está prestes a nos receber, cheio de pompa. Vou até preparar a garganta para proferir seu espalhafatoso nome. Pega fôlego, vai: Philippus Aureolus Theophrastus Bombastus von Hohenheim. "Bombásticus", né? Ainda bem que ele prefere que o chamemos apenas de Paracelso. Ufa.

Bombástico mesmo é o laboratório em que acabamos de entrar. Olhe em volta, a vidraria translúcida, os balões volumétricos, os bastões de vidro, as buretas, os béqueres e pipetas repletos de líquidos extraídos das mais diferentes plantas. Um de cor mais púrpura, outro mais anil. Anotações em bico de pena, receitas guardadas em segredo, deixadas em tábuas de esmeralda e que seguem o movimento dos astros e da natureza. Caramba, Paracelso. A imagem mística que temos de alquimistas tem esse cenário e a pessoa dele como referência. Estamos em frente ao pai da espagiria — a alquimia ligada às plantas. E fizemos esta parada porque muitas das tinturas, elixires, processos e técnicas de destilação de plantas usados até hoje são fruto da pesquisa deste que nos recebe.

Enquanto olhamos, pasmos e encantados, as bolhas que se formam a partir do aquecimento de líquidos e reparamos atentos em cada gota que pinga de alcoóis sendo destilados a partir das plantas mais diversas, Paracelso tira nossa bebida de uma vidraria modelo pelicano. Nela, a 40 graus Celsius, foi preparada a mistura que tomaremos diretamente de um conta-gotas. Seu conteúdo é uma quintessência espagírica, cujo preparo, lento e trabalhoso, segue regras herméticas e ainda bastante ocultas. O poderoso remédio que estamos prestes a engolir é conhecido como o extrato mais puro e completo que uma planta pode nos oferecer, e une o que Paracelso classificou como seus três componentes principais: a alma, que seria representada pelo óleo essencial; o espírito, simbolizado pelo álcool extraído da planta em fermentação; e o corpo, que seriam os resíduos formados a partir dos dois primeiros processos, geralmente incinerados e transformados em sal. Talvez seja por causa de sua expressão "*spiritus vini*", usada para nomear o resultado da destilação, que os destilados são, até hoje, chamados de "*spirits*". Há uma certa aura ritualística nesse gole, você percebe? Pare um instante antes de levar o conta-gotas à boca. Preparado? Beba aos espíritos todos desses precursores.

Agradeço a Paracelso pela visita, e ele nos entrega um frasco de quintessência para que levemos conosco — enrolado a ele, há um bilhete: "Não esqueçam: apenas a dose correta diferencia o veneno do remédio". Essa frase ainda é uma das mais conhecidas do alquimista. E não deixa de ser um conselho para as próximas páginas.

O caminho aberto pelos trabalhos de Hipócrates e Galeno — e tantos outros que não chegamos a referenciar no nosso breve passeio, como Dioscórides, Geber, Avicena, Arnau de Vilanova, para citar apenas alguns — serviu de base para novas formulações da mistura de álcool e ervas e para sua popularização. Se antes deles o conhecimento sobre as ervas e seus efeitos era apenas ligado ao universo do mágico, do castigo e dom divino ou demoníaco, as técnicas desenvolvidas por eles trazem esse estudo para a empiria, e aliam a ela o universo da racionalização. Nas obras deixadas por eles é possível encontrar técnicas das mais variadas, dezenas de receitas já testadas e uma lista de ervas com seus princípios ativos já conhecidos. Isso permitiu que as práticas, antes também restritas à cura de imperadores e ao preparo das bebidas da realeza, passassem a proliferar e a se popularizar, assim como o consumo do álcool. Por isso, vale lembrar de Paracelso. A dose exata da qual ele falava serve para os remédios do corpo, e valem mais ainda para os líquidos que inebriam a alma. "Camuflar" o sabor do álcool com as ervas acabava de ficar mais fácil. Curar com as plantas a partir dele também. Uma bela desculpa para uns bons goles, não é mesmo? Nas próximas paradas, mantenha o recado de Paracelso em mente.

### TINTURAS

As tinturas medicinais são macerações mais intensas, geralmente feitas de apenas uma planta a fim de concentrar seus princípios ativos e conservá-las por mais tempo. Para usos terapêuticos, elas geralmente levam álcool e água destilada.

Na coquetelaria, as tinturas são muito usadas como os bitters — em *dashes* ou em gotas, para temperar e arredondar os coquetéis, imprimindo uma nova camada de sabor e profundidade ao paladar do drinque. Uma tintura de funcho, por exemplo, vai adicionar uma pitada de sabor anisado da planta ao coquetel, a de hortelã um pouco de menta, e por aí vai.

Para preparar tinturas na coquetelaria, você pode usar apenas álcool. Se usar o de cereais, com mais de 70% de álcool, a proporção pode ser de 1:4, ou seja, uma parte da planta seca para 4 de álcool. Para plantas frescas, a proporção pode ser menor, 10 g para cada 80 ml. Macere bem com um pilão e deixe curtindo ao abrigo da luz e do calor por 15 dias, se estiver usando flores e folhas, ou 20 dias se estiver usando cascas, especiarias e raízes. Coe a mistura e engarrafe. Uma tintura não tem validade determinada por causa da alta concentração de álcool, mas procure utilizá-la em até 12 meses.

Caso você esteja usando um álcool neutro, como a vodca, que geralmente tem até 40% de álcool, adicione mais plantas à sua mistura. Use a proporção de 1:2, ou seja, uma parte da planta seca para duas de álcool (20 g para 40 ml, por exemplo). Para plantas frescas, a proporção pode ser menor, 10 g para cada 40 ml. Depois disso, o processo é o mesmo.

Outra dica é cobrir a quantidade de plantas ou cascas que decidiu usar com a vodca, macerar e deixar curtindo ao abrigo da luz por 15 ou 20 dias. O resultado deve ser quase o mesmo do que se você medir as proporções.

Se você tiver acesso a água destilada, pode incluir a mesma proporção das ervas à sua mistura, adicionando-a depois da coagem.

# 3. Triagas, os jesuítas e as origens da garrafada

TRIAGAS E TRAIÇÕES

Paracelso faleceu jovem, aos 47 anos, em 1541. Fez toda a sua contribuição para o estudo dos alcoóis e das plantas enquanto o Brasil também passava por uma transformação importante: das terras indígenas de Pindorama para uma colônia de Portugal. E se o alquimista em Salzburgo fazia experimentos com plantas em busca de cura, nossos povos originários também retiravam da floresta que os cercava os remédios para o corpo e para o espírito, bem antes da invasão portuguesa. Por isso, interrompemos nossa viagem pela história eurocêntrica para pensar no que se passa no Brasil — interesse maior desta pesquisa.

Por aqui, embora o registro histórico tenha ficado de fora das narrativas tidas como "oficiais" durante bastante tempo, o conhecimento das plantas e ervas da nossa biodiversidade já estava estabelecido e em pleno desenvolvimento pelos povos indígenas. Ao chegarem, os portugueses logo perceberam isso e se utilizaram desse conhecimento, por bem e por mal, aliado a práticas que conhecemos nas últimas páginas.

Um exemplo significativo foram as teriagas e outras panaceias de Galeno. Esses preparados serviram de base para muitos remédios, e suas técnicas chegaram ao Brasil pelas mãos dos jesuítas, responsáveis pelo violento processo de tentativa de catequização dos povos originários, que acabou por escravizar parte da população indígena, ao mesmo tempo que tentava aniquilar sua complexa cultura e seu modo de vida, transformando aldeias e comunidades em "missões".

Os padres da chamada Companhia de Jesus chegaram por aqui em 1549 para tentar auxiliar os portugueses no processo chamado "civilizatório", que deveria acabar de uma vez com aquilo que Portugal considerava "selvagem" nas terras brasileiras. Ao se acercar dos indígenas — cautelosos e estrategistas com uma "missão" muito clara —, os jesuítas logo perceberam que para catequizá-los era necessário neutralizar o poder então vigente: o pajé, reconhecido como a figura de autoridade nas tribos, que atuava como curandeiro e também conselheiro. Por essa razão, era importante destituí-lo, e foi através da cura que os padres, infelizmente, mais tiveram sucesso nessa empreitada.

No processo de catequização dos indígenas, os jesuítas aprenderam um bocado sobre a medicina dos nativos, mas demonizavam suas práticas e os condenavam a arder no fogo do inferno cristão. Anchieta, um dos mais conhecidos jesuítas que por aqui pisaram, lançou a ameaça contra os pajés:

> Já não ousas agora servir-te de teus artifícios, perverso feiticeiro, entre povos que seguem a doutrina de Cristo: já não podes com mãos mentirosas esfregar membros doentes. [...] Se te prender

algum dia a mão dos guardas, gemerás em vingadora fogueira ou pagarás em sujo cárcere o merecido castigo.*

O castigo parece ter sido o encontro com os portugueses, que dizimou a população nativa, tentou exterminar sua cultura e ainda trouxe doenças para as quais nem a tão familiar mata dos indígenas tinha a cura. Antes de seguir nesse encontro com os padres da Companhia de Jesus, faço aqui uma pausa para uma infusão de ervas a fim de acalmar os nervos e curar a indigestão que essa passagem da nossa história nos causa até hoje.

### INFUSÃO PARA NÁUSEAS HISTÓRICAS

*Indicações*
Curar ânsias e acalmar os nervos

*Ingredientes*
Folhas de boldo e de melissa

*Modo de usar*
Faça uma infusão com as ervas em água quente e deixe descansar por dez minutos. Coe e beba. Tome antes do encontro com os jesuítas.

Antes de Anchieta rogar pela incineração dos pajés, os padres jogaram lenha na fogueira nessa aproximação com os indígenas, a fim de convertê-los. Ali, no calor do fogo e nas luzes das chamas, os cristãos acreditavam que poderiam tirar

* Padre José de Anchieta, *De gestis Mendi de Saa*, 1563.

os indígenas das trevas, numa salvação religiosa que só se cumpriria com a negação da própria natureza dos povos originários, suas crenças e seus ritos. Era preciso incinerar o pajé e tudo o que ele representava. E, para isso, era necessário curar, em nome de Jesus. Amém.

Mas os jesuítas eram muito mais padres do que médicos, como se pode imaginar. Eles aprendiam os ofícios do preparo de remédios em liceus básicos, ao lado de outras práticas manuais como carpintaria, pintura, culinária e marcenaria. Apesar de historicamente terem ficado conhecidos pelas supostas contribuições na área da saúde, os padres não tinham formação médica superior — pelo contrário, a Ordem os proibia de frequentar universidades. O que diferenciava, portanto, as práticas médicas dos padres daquelas empregadas pelos indígenas era, em primeiro lugar, a forma de preparo dos remédios — os jesuítas sabiam conservá-los, armazená-los e produzir panaceias compostas mais elaboradas —, e, em segundo, o deus a quem a cura era atribuída. Para os padres, embora os nativos soubessem identificar cada galho, seiva, musgo, planta, casca, raiz ou fruto que poderia servir para curar doenças do corpo e do espírito, suas crenças divinas eram inferiores e deveriam ser substituídas ou aniquiladas.

As informações sobre a mata nativa adquiridas com os indígenas foram fundamentais, já que muitas das ervas que os jesuítas estavam acostumados a usar para preparar suas panaceias mofavam na viagem até o Brasil, e algumas foram acabando conforme se alongava a permanência por aqui. A saída foi começar a usar o conhecimento dos indígenas sobre as plantas e aplicá-lo na produção de medicamentos. A solução serviu tanto para conquistar prestígio junto às tribos como para trazer lucro para a Ordem no Brasil, pois eles passaram a comercializar esses remédios.

As condições precárias de saúde na colônia ajudaram muito nesse processo. Os primeiros séculos da colonização foram de medicina escassa e doenças abundantes — muitas trazidas pelos invasores —, que dizimaram populações indígenas inteiras, além de acometer os europeus. Apesar da disseminação de diversos males como varíola, sarampo, entre outros, poucos médicos formados se aventuravam pela colônia, que contava com pouca gente em condições de pagar pelos seus caros serviços. Para se ter uma ideia, Von Martius conta no seu livro sobre a medicina indígena que em 1799 havia apenas uma dúzia de médicos atuando no Brasil. Os raros profissionais que vinham acabavam trabalhando apenas para a Corte, deixando o restante dos atendimentos nas mãos dos chamados "barbeiros", profissionais não formados em medicina, mas capazes de fazer pequenas intervenções médicas como a aplicação de sanguessugas e ventosas, além de realizar sangrias e pequenos curativos — práticas médicas consideradas "avançadas" para a época. E ainda vinham falar da suposta precariedade da medicina indígena, vejam bem!

Os barbeiros dividiam essas atribuições com os boticários, que não realizavam nenhum tipo de procedimento mas preparavam remédios como óleos, elixires, emplastros e outras panaceias e vendiam seus produtos em pequenas caixas de botica ambulantes ou nos seus próprios estabelecimentos. Esse vácuo de médicos incentivou a proliferação desses locais e reforçou a importância desses ofícios — não à toa, eles se multiplicaram entre aqueles que conheciam um pouco sobre esses preparos, mas também entre charlatões de toda a espécie.

Após conquistarem a confiança de parte das tribos em razão da assistência médica, os jesuítas logo fundaram seus colégios — o primeiro deles em Salvador, em 1553. Nesses locais, lecionavam a língua portuguesa e ensinavam trabalhos manuais aos nativos, além de terem suas enfermarias, onde atendiam os doentes, e também boticas, onde preparavam remédios. Muitos indígenas trabalhavam escravizados nesses locais, cuja descrição lembra muito alguns laboratórios que já visitamos e seguiremos visitando:

> A botica [...] ocupava duas salas, com a sua armação e seus "vidros cristalinos", frascos e potes de "barro vidrado" de diversas cores e tamanhos, onde se guardavam os "remédios usuais na Medicina". E todos os mais objetos próprios de uma boa farmácia e laboratório, balanças, pesos, medidas, funis, almofarizes de bronze, espátulas de latão, tachos de cobre e arame, grais de pedra e de marfim, panelas de cobre, alambiques de cobre, ou de barro vidrado, bacias, prensa, tenazes, frasqueiras, "pedra de preparar", chocolateiras, xícaras, panelas, tigelas de barro da terra e do Reino, com outras miudezas de ferro. Vários volumes de Medicina. Nem faltava a Salus Infirmorum, isto é, a imagem da Senhora, em cima das estantes que guarneciam uma das salas.*

Entre os "volumes de Medicina" citados por Serafim Leite nessa passagem, certamente estava a obra *De theriaca ad Pisonem*, na qual um velho amigo nosso — Galeno, de Pérgamo — havia incluído as receitas das primeiras teriagas ou triagas — medicamentos polifármacos que usavam elementos vegetais, minerais e até animais com uma base alcoólica, geralmente o vinho — que se difundiram na Europa. Já em terras brasileiras,

---

* Serafim Leite, *História da Companhia de Jesus no Brasil*. São Paulo: Loyola, 2004. p. 73.

os padres passaram a produzir os remédios e a conservá-los, substituindo o vinho — álcool que era muito usado na Europa no preparo dos compostos — pelo milho cozido em água com adição de mel. Mais tarde, a aguardente seria utilizada nesses mesmos preparos.

Os jesuítas seguiam a corrente grega da medicina e usavam as obras mais humanistas como referência na hora de produzir medicamentos. Enquanto o formato dessas panaceias vinha de Galeno e era atualizado pelos padres, a matéria-prima era tupi, guarani, ianomâmi, tupinambá, carijó. A matéria-prima era a mata e o conhecimento dos povos originários.

Para que as fórmulas pudessem ser replicadas, além dos volumes de medicina tradicional — entre elas a galênica —, os jesuítas também possuíam os chamados "cadernos de receitas", onde registravam os preparos dos compostos produzidos por eles, conhecidos como triagas ou mezinhas, além da forma de cultivo de algumas plantas utilizadas, a interação dos ingredientes com os princípios ativos. Uma das receitas mais famosas teria sido criada na botica do Colégio da Bahia e atendia pelo nome de Triaga Brasílica — uma panaceia de 62 ingredientes, muitos deles nativos, como a raiz de jurubeba, de capeba e caapiá, assim como partes do jaborandi e da pajamarioba, além da famosíssima ipecacuanha, usada até hoje pela indústria farmacêutica por suas eficazes propriedades medicinais.

As triagas eram elaboradas nas boticas dos colégios jesuítas dentro de grandes tonéis, nos quais as ervas e outros ingredientes vegetais e minerais ficavam curtindo no álcool. A população que ia buscar os remédios recebia as panaceias em garrafas, com o líquido retirado diretamente do tonel. Por essa razão, os remédios ficaram conhecidos como "garrafadas". Eis a história do nome.

Na teoria, as garrafadas são, portanto, símbolo do cruzo entre forma e conteúdo que se deu no encontro dos jesuítas com os indígenas brasileiros — encontro que, como veremos, rendeu mais lucros e benefícios aos padres, que exploraram os saberes indígenas para produzir seus remédios, usados para convencer os próprios indígenas de que essa medicina seria mais avançada, eficaz e civilizada que a dos pajés. Ora, um dos remédios mais conhecidos feito pelos padres, o chamado "bálsamo dos jesuítas", por exemplo, nada mais era que óleo de copaíba puro. Ou seja: remédio dos indígenas, conhecimento dos pajés, em "embalagem" de padre.*

---

* Apesar de o encontro ter servido muito mais aos jesuítas que aos brasileiros, os relatos históricos geralmente exaltam o legado dos padres entre os indígenas como uma etapa importante do processo "civilizatório" que retiraria a colônia da barbárie. "Gigantesca foi a ação do jesuíta no Brasil. Em sua penetração da Bahia para o Norte, para o Sul e para o interior, aldeou o indígena, doutrinou o 'corumim', ensinou ofícios manuais e proporcionou assistência médica. Esta, aliás, foi uma das mais poderosas armas usadas na catequese. Através dela os padres captaram a simpatia e a confiança do selvagem, confundiram os ardilosos pajés e redimiram milhares de moribundos, batizando-os *in extremis*" (Jósa Magalhães, *Medicina folclórica*. Fortaleza: Imprensa Universitária do Ceará, 1961. p. 49).

## URUCUM

**Nome científico:** *Bixa orellana L.*
**Família:** Angiospermae/ Bixaceae
**Aparência:** árvore pequena, de 3 a 5 metros de altura, com flores rosadas e fruto do tipo cápsula deiscente, ovoide
**Incidência:** originária da América tropical, incluindo a Amazônia brasileira
**Usos medicinais:** repelente, antifebril, antiasmática
**Perfil de aromas e sabores:** terrosa, untuosa, levemente salgada

Há poucas coisas mais divertidas e preciosas que catar urucum direto do pé. Não à toa, os indígenas quase sempre cultivavam o urucum perto de suas cabanas, porque o utilizavam em uma infinidade de aplicações.

Os frutos, que nascem em pequenos cachos, se assemelham a ouriços tão sem graça e com uma aparência de "chega pra lá" que qualquer desavisado poderia logo desistir de tentar decifrá-los. Mas basta quebrar a casquinha meio amadeirada e ploc: como um porta-joias, as sementes rubras aparecem aninhadas no barquinho que se forma a partir das metades da casca, uma ao lado da outra, vibrantes. A mão da gente chega a parecer que está sangrando da tintura terrosa intensa que escorre quando o fruto se quebra.

Os indígenas usavam essa tinta para pinturas corporais em cerimônias diversas e como repelente contra nuvens de insetos. Depois do banho, untavam o corpo com a tintura para espantar os mosquitos e proteger a pele do sol, mas também o utilizavam misturado com cacau, como refresco de cor vibrante. Pela semelhança da cor com o sangue, empregavam-no como remédio para as diarreias sanguíneas — um fruto, tantas possibilidades! Atualmente, o urucum é mais conhecido como "colorau" e dá cor a alguns pratos — um desperdício de possibilidades. Sobre seu uso como especiaria, vale a ressalva: embora o colorau inicialmente tenha sido vendido apenas como as sementes de urucum desidratadas e trituradas, a indústria alimentícia vem adicionando muitos químicos na fórmula, como açúcares e corantes artificiais, então leia sempre os rótulos para não comprar um tempero vermelho qualquer sendo vendido como o nosso precioso urucum.

Hoje, faço com o urucum uma tintura de cor incrível, que além disso tem um gosto terroso e untuoso sem igual. Seu uso dá uma coloração de pôr do sol para qualquer drinque, um escândalo!

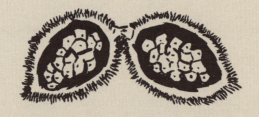

## TINTURA DE URUCUM

|  |  |
|---:|:---|
| semente de urucum | 50 g |
| vodca | 400 ml |

Deixar em infusão por 48 horas. Coar, engarrafar e manter refrigerado. Validade de 30 dias.

*Atenção:* Use sempre o mesmo recipiente, já que o urucum mancha.

Você pode usar a tintura para colorir e dar um gostinho terroso a qualquer drinque. Se tentar fazer a tintura "flutuar" no copo, ou finalizar o coquetel com algumas gotas dela em cima do gelo picado, vai obter uma camada adicional de cor, além de sabor.

## MIMOSA ALVORADA
*por Néli Pereira*

|  |  |
|---:|:---|
| suco de laranja fresco | 100 ml |
| espumante | 100 ml |
| tintura de urucum no *float* | 10 ml |

Em uma taça gelada, adicione metade da dose de espumante, o suco de laranja e complete com espumante. Também é possível servir o espumante no espiral da bailarina. Por fim, adicione o urucum pelo dorso da colher bailarina para que ele fique no topo do copo — o *float*.

O urucum podia espantar mosquito, mas pelo jeito não funciona para afastar urucubacas. Caso funcionasse, teria sido eficaz para mandar de volta os portugueses que chegaram por aqui. No entanto, a cor vibrante poderosa não passou despercebida pelos primeiros invasores — haja vista o relato de Pero Vaz de Caminha, que tanto escreveu e pouco aprendeu sobre a sabedoria indígena:

> Alguns traziam uns ouriços verdes, de árvores, que, na cor, queriam parecer de castanheiras, embora mais pequenos. E eram cheios duns grãos vermelhos pequenos, que, esmagando-os entre os dedos, faziam tintura muito vermelha, de que eles andavam tintos. E quanto mais se molhavam, tanto mais vermelhos ficavam.*

Coisa maluca que os indígenas ficassem vermelhos pela tintura do urucum, e não de raiva com os narizes torcidos e a curiosidade mórbida dos senhores que de repente tomaram conta das suas terras a partir de 1500, sem nunca mais largarem o osso. Mas assim foi.

### ANCHIETA QUERIA SER PAJÉ

Os portugueses criticavam a relação que os povos originários faziam entre a medicina, as plantas e o sagrado, mas eles mesmos se colocavam como "médicos espirituais", com poderes quase "sobrenaturais", como mostra este relato sobre as curas de Anchieta:

> Anchieta é o médico infalível do corpo e da alma, o santo da floresta e da família. [...] Provido de ervas, para infusões e sangrias,

---

* *A carta de Pero Vaz de Caminha*. Petrópolis: Vozes de Bolso, 2019. p. 18.

ele curava os selvagens. A lenda amplificou-lhe o renome, desdobrado em milhares de curas nessa medicina espiritual, que vencia todos os males com exorcismos, fluidos, aspersões, bênçãos e missas.*

Pelo trecho não parece arriscado dizer que Anchieta, decerto queria mesmo era ser pajé. E assim, cura por cura, desacreditando as lideranças indígenas e suas práticas médicas, os jesuítas iam se aproximando dos povos originários e tentando aniquilar sua cultura — que sobreviveu apesar da violência, assim como sua medicina, hoje requisitada e reconhecida.

Mas o crescimento do poder da ordem dos jesuítas no Brasil — tanto financeiro como representativo e simbólico — incomodou Portugal, que tratou de expulsá-los. Os padres, no entanto, não saíram de mãos abanando: levaram seus cadernos com as fórmulas, que eram mantidas em segredo. Mas Portugal tinha todo o interesse na manutenção desses remédios por aqui — eram não só lucrativos como eficazes, e garantiam a saúde e a produtividade da colônia. Por isso, a Corte aliviou as restrições para as boticas, que se proliferaram. O ministro responsável pela expulsão, marquês de Pombal, também ciente da importância para a economia do conteúdo desses remédios — os frutos e as ervas brasileiras —, fundou, em 1755, a Companhia Geral de Comércio do Grão-Pará e Maranhão, instituição que servia para controlar a atividade comercial na região Norte do país e diversificar as exportações e a relação com Lisboa. Navios carregados de urucum, gengibre, copaíba, puxuri, salsaparrilha e outras "drogas do sertão" eram levados à Europa aos

---

* Celso Vieira, *Anchieta*. São Paulo: Companhia Editora Nacional, 1949. p. 341.

montes. Tudo descoberto — quando não plantado — pelos indígenas.*

Os jesuítas podem até ter levado seus cadernos com as fórmulas precisas e milimétricas das composições de suas triagas, mas deixaram para trás essa forma de se fazer remédios — a combinação de uma série de plantas nativas com base alcoólica em uma garrafa. A técnica, disseminada e apropriada por diferentes crenças que aqui se instalaram, foi empregada em curas que invocavam nomes santos e profanos. Doenças, afinal, não faltavam no Brasil — males do corpo e do espírito.

Os navios negreiros traziam africanos escravizados aos milhares e com eles o banzo, a saudade da terra que ficou para trás — mas traziam também centenas de pessoas em condições precárias, entulhadas nos porões das embarcações. Quando por aqui desembarcavam, aqueles que sobreviviam já estavam doentes, ou, com seus corpos levados à exaustão, acabavam adoecendo. Para eles, não era oferecida sequer dignidade, que dirá médicos. Em busca de cura, portanto, recorriam à sabedoria de curandeiros e feiticeiras, especialistas em raizadas (bebidas feitas a partir de raízes), gente que curava com erva, com

---

* "Em 30 de julho de 1760 um ofício do desembargador Francisco Berquó para Tomé Corte Real dizia ter notícia de haver na botica do Colégio a receita do 'Antidoto ou Triaga Brasilica', pela qual ordenou logo uma busca, com o medo de que 'poderião os mesmos Padres occultar a dita receita, como fizerão aos principaes remedios, que em logar incompetente foram achados'. De acordo com o desembargador, havia quem desse pela receita 'tres ou quatro mil cruzados, e he certo que o fundo principal da dita Botica era este remedio, pelo grande gasto que tinha, por ser prompto o seu effeito'". Fabricio Lyrio Santos, "A expulsão dos jesuítas da Bahia: Aspectos econômicos". *Revista Brasileira de História*, São Paulo, v. 28, n. 55, 2008. p. 191.

raiz, com folha, e que, ciente do poder desses elementos, trazia consigo da África sementes e frutos sagrados e de cura. Curavam com a natureza, com mandinga e amuleto, e logo também incorporaram a mata nativa aos seus rituais de cura e de crença, além de contribuir com novos elementos à nossa floresta: favas de aridã, palmeiras-dendê.

Às práticas indígenas iam se juntando a medicina popular e religiosa praticada pelos negros e a feitiçaria europeia, já que Portugal havia transformado o Brasil numa espécie de fosso onde eram jogados os feiticeiros e bruxas condenados pela Inquisição. O caldo começava a engrossar.

Com a expulsão dos jesuítas, as boticas e as lojas dos barbeiros se uniram às raizadas; e os rituais de curas com ervas, os benzimentos e as garrafadas começaram a circular e se cruzar. Era preciso curar de alguma forma, e não havia médicos o suficiente. No sertão, nas florestas, no litoral, nos rios e nos banhados, as populações misturavam suas práticas, crenças e rituais para tratar o corpo e a mente, incorporando a esses processos as técnicas disponíveis, além de santos diversos. As garrafadas, misturas de ervas, cascas, plantas e raízes em base alcoólica, eram a versão brasileira dos preparos que o resto do mundo vinha fazendo — vinhos medicinais, vermutes, teriagas, elixires, quintessências — e que acabaram cruzando a fronteira da botica ao boteco.

# 4. Os primórdios monásticos e medicinais do gim

Para definir nosso próximo destino, tenho aqui três garrafas e vou deixar você escolher uma delas. Mas não vou facilitar. Elas são iguais, vê? Leia as etiquetas com seus apelidos e me diga qual delas você prefere:

a) Coragem holandesa
b) Cetim branco
c) Ruína das mães

Decidiu? Pegue a garrafa escolhida e abra. Estou sentindo daqui o cheirinho de zimbro no ar. Tem gosto de zimbro, cheiro de zimbro, e é... gim! Acertou, e acertaria qualquer que fosse a garrafa escolhida: coragem, cetim ou ruína. O gim é tudo isso aí — e mais um pouco, veremos. Mas nem se anime que não é para a Inglaterra que a gente tá indo. *Mind the gap* entre os primórdios da bebida zimbrada e sua tacinha de gim-tônica em formato *balloon*. Volte duas casas. Duas não, volte alguns séculos.

Para encontrar a origem do gim, navegaremos até Salerno, na Itália, no século XI. Quem nos recebe, no centro do vilarejo, é uma mulher bonita, que veste sandálias amarradas e vestido longo e tem os cabelos ruivos presos desajeitadamente numa espécie de coque. Está bem-vestida para a época, e logo percebemos que também é letrada, já que segura nas mãos alguns escritos. Ela está a nossa espera, e logo nos cumprimenta, se apresentando: Trota di Ruggiero, prazer. Eu quase caio dura por tamanho privilégio, mas finjo tranquilidade, controlando o ímpeto de correr pro abraço e dizer: Trota, santa rainha das ginecologistas! Minha vontade é agradecer, e dizer que vai demorar, mas todo mundo vai reconhecer suas contribuições sobre o corpo feminino e o pioneirismo nessa luta. Mas me acalmo, para não parecer afoita. Você aí percebe minha euforia e agora já sabe por quê. Ela pergunta se estamos cansados e se não nos incomodaríamos de dar uma passadinha na renomada Escola de Salerno, que fica próximo dali, para ler alguns trechos do *Regimen sanitatis Salernitanum* e aprender um pouco sobre a pesquisa botânica realizada ali. Segundo ela, é uma visita oportuna para a nossa pesquisa. Conto a Trota sobre a fama excelente que tem a instituição, que ficou conhecida como a primeira escola de medicina medieval, e já adianto que o centro vai ser a referência europeia por mais pelo menos trezentos anos. Ela ri, desconfiada. No trajeto até lá, percebo que muita gente na pequena cidade de ruas de pedra rústica olha torto para a nossa anfitriã, especialmente os monges, devidamente paramentados com suas cogulas e escapulários. Você também repara e comenta comigo, na surdina. A Igreja não gostava nem um pouco dos estudos "pré-feministas" de Trota, que apontou, por exemplo, a responsabilidade masculina e não apenas da mulher pela ausência de concepção de filhos em um casamento. Se hoje ainda tem gente que fica pasma com isso, imagina que heresia ao patriarcado ainda inabalável da época.

Chegando à escola, que fica dentro de um castelo medieval, monges e médicos ainda leigos se misturam aos doentes em busca de cura. Vimos muitos sendo tratados com emplastros e tinturas que nos lembravam os ensinamentos de Hipócrates e Galeno — sinal de que suas publicações já são usadas para formar médicos e produzir remédios. Trota parece ser figura conhecida por ali, e logo nos leva pelos corredores amontoados de doentes até uma sala de leitura, onde nos mostra uma primeira versão do que parece ser um poema, mas é de fato um regimento — um conjunto de conselhos de saúde informal mas bem fundamentado. Ela lê em voz alta um trecho: "Deve-se comer e beber de modo comedido, não sucumbir à raiva e lembrar-se de viver em alegria e descanso". Alguns conselhos medievais nunca saem de moda, não é mesmo?

Andamos poucos metros e Trota nos deixa na porta do monastério, diz que por lá é persona non grata, mas garante que a garrafa que procuramos está em um dos porões. Agradecemos, apertamos as mãos e, quando ela já está de costas, partindo, eu não me aguento e a chamo. "Trota!" Ela se vira e eu grito: "Obrigada! Seus tratados sobre as doenças e a beleza das mulheres mudaram a vida de muitas de nós". Ela acena positivamente com a cabeça, firme. A luta de mulheres pioneiras como ela segue até hoje.

Batemos o sino na entrada do monastério. Logo um monge de cogula marrom vem nos receber e nos leva até o jardim do castelo para mostrar as árvores nativas da Itália, o *Juniperus communis*, de onde extraem as bagas usadas em macerações com vinhos prescritos como tratamento aos doentes. Diz que as bagas de zimbro curam muitos males. Ele cata uma delas do chão, mostrando a especiaria que lembra uma pimenta-do-

-reino de cor mais azulada. De lá, entramos por uma portinha ao lado do jardim onde fica o que parece ser um depósito de macerações. Ali há alguns potes de vidro, outros de cobre, e ele retira uma das garrafas e nos mostra. Dá para ver o líquido espesso, as borras vínicas e os resíduos da maceração do zimbro e de outras ervas. Pergunto se posso abrir e ele consente. Tiro a rolha. Percebe? Tem um quê vínico zimbrado. Bebemos um gole, do gargalo mesmo, medievalmente. Tem aquele resíduo medicinal que lembra um vermute, tem um zimbro presente que lembra o gim. E ele nos pergunta: "Não tem gosto de remédio, né? É o zimbro".

Foi justamente esse aroma, que camuflava o gosto do álcool das primeiras destilações da história, quando ainda era usado apenas como remédio, que ajudou na travessia do gim para a outra margem — do remédio ao prazer, popularizando a bebida como a conhecemos hoje. Para nós, essa relação é importantíssima, pois responde a uma das perguntas centrais deste percurso: afinal, como a mistura de ervas e álcool conseguiu a proeza de sair do universo farmacêutico de monastérios e laboratórios para os bares — um deslocamento tão improvável? A garrafa que temos em mãos esclarece uma parte do enigma: por causa do sabor.

Depois do primeiro gole, o monge nos garante que apenas uma dose é suficiente e se regozija, orgulhoso, de que a baga ainda há de curar muitos males. Para não estragar a festa, decido não contar que a peste negra está virando a esquina, e que o zimbro não vai fazer nem cócegas para tratá-la, apesar das tentativas. Prefiro sair e, me despedindo, digo que a panaceia que experimentamos vai fazer sucesso. Não entrego, porém, que ela não vai abalar tanto nos hospitais, mas nos bares.

## LONDRES, O GIM E OS APOTECÁRIOS

É a baga de zimbro que vai nos guiar para mostrar seu caminho até o gim como o conhecemos hoje.

A próxima etapa é uma evolução do que faziam os monges em Salerno: em vez de apenas macerar o zimbro no vinho, destilar a mistura. Seguimos, pois, rumo às destilarias que foram pioneiras no processo, nos arredores de Amsterdam. A primeira delas foi a Bols, fundada em 1575 e até hoje produtora do "Bols Genever". Esse mesmo preparado, anos mais tarde, em 1587, durante as guerras nos Países Baixos, foi chamado da tal "coragem holandesa" que citamos lá atrás. Os ingleses, que lutaram ao lado dos holandeses em diversas batalhas, voltaram para casa comentando sobre a bebida, que, tomada aos goles antes do embate, dava bravura aos soldados. O que a história não conseguiu decifrar é se essa disposição toda era provocada pelos supostos princípios ativos do zimbro ou se pela embriaguez do álcool. Fato é que anos mais tarde a coragem virou cetim, que virou ruína, até se tornar gim. A "coragem" não ficou restrita aos soldados, e chegou aos marinheiros holandeses da Companhia das Índias Orientais, que recebiam sua "ração" generosa de *genever* a bordo — contra os males do corpo, diziam.

Um leilão de grãos está acontecendo perto do porto, em uma espécie de galpão cheio de sacas, onde negociantes e mercadores fazem seus lances para a compra dos produtos. A destilação é parte desse mercado — já que era muito mais barato e vantajoso destilar fermentados de grãos do que de uvas para vendê-los em escala, como bebidas. Ali está o comprador de uma das destilarias que se instalaram na região, que nos aguarda com uma garrafa de um *genever* exclusivo nas mãos. Abrimos e experimentamos ali mesmo, no meio da muvuca. A bebida é mais alcoólica, mas também traz intensidade ao sabor do zimbro e uma camada adicional provocada pelo vinho maltado. Que evolução. Os monges em Salerno ficariam inebriados, literalmente, pela descoberta.

Antes de partir rumo a Londres e provar o gim tal como o conhecemos hoje, olhe ao redor para Amsterdam. A cidade oferece uma prévia melhorada do que encontraremos em uma Londres, que começa a sentir os efeitos de um inchaço urbano. Esse formigueiro urbano em formação parece o cenário perfeito para a propagação de uma bebida mais forte e mais barata que a cerveja. Pois então. Não à toa, uma das obras mais conhecidas desse período foi a gravura *Gin Lane*, produzida por William Hogarth em 1751, uma época muito próxima à da nossa visita, que retrata o que ficou conhecido como "gin craze", ou a loucura do gim, quando o consumo per capita da bebida era de meio litro por semana. Nessa época, a bebida ficou conhecida como "cetim branco", que logo virou — por causa dos excessos — a "ruína das mães".

OS APOTECÁRIOS

Chegando a Londres, pegamos uma ruela estreita ao lado da catedral de St. Paul para visitar um amigo. No caminho há pensões, os primeiros bancos londrinos, ambulantes vendendo pentes, animais e tônicos, até chegarmos a uma portinha cuja placa anuncia "Apotecário John Quincy". Qualquer semelhança com o meu herbário, de onde partimos para a nossa viagem, não é mera coincidência. Prateleiras repletas de vidros de coloração âmbar, instrumentos cirúrgicos que hoje parecem arcaicos, panelas de cobre, balanças medindo pós diversos, vidros espalhados por todos os lados, um pilão de ferro com restos de plantas maceradas e, lá no fundo, perto de uma pia de pedra, Quincy está trabalhando de avental e nos acena, dizendo que já vem nos receber. Ao lado de onde ele está, há muitas ervas secas penduradas no teto e uma sala menor que tem na porta os dizeres: "sangrias e retirada de dentes". O cheiro é forte, lembra sangue misturado a um composto herbáceo medicinal mentolado, que parece eucalipto. Leia os rótulos dos frascos dispostos atrás do balcão: gordura de ganso, tintura de ruibarbo, unha de cavalo. Ao lado, um livro cujo título viramos o rosto para ler na lombada: *Pharmacopœia Londinensis*. John se aproxima, logo se desculpando pela bagunça, e conta que os dias andam movimentados: os médicos formados não conseguem atender à alta demanda e tratam apenas os casos mais graves e as cirurgias. Para os males mais corriqueiros e simples, de dor de dente a mal-estar da barriga, a população recorre a apotecários como ele, que geralmente preparam elixires e realizam pequenas sangrias e outros expurgos. Os remédios, feitos com ervas caseiras e outros insumos comprados nas docas e trazidos das colônias, são prescritos para curar todo tipo de mal-estar, inclusive aqueles provocados pelo estresse do inchaço de uma cidade que acolhe milhares de pessoas em condições precárias.

Agradeço a Quincy pela acolhida e, como lembrança, ele me entrega um de seus tônicos mais populares. Fecho a porta atrás de mim e dou um suspiro. Quanta convergência entre aquela botica meio laboratório e o meu trabalho de infusão de ervas, cascas e raízes — os vidros, as macerações, tudo tão familiar. Talvez a maior semelhança seja que em nenhum dos dois lugares esteve ou está a cura para esse tipo de agonia, que atravessa épocas. Mas os ofícios não deixam de se espelhar: embeber ervas, ver plantas dar cor e gosto a bases alcoólicas, macerar raízes, transformá-las em pó, misturar preparados herbáceos.

Olhar para o trabalho de Paracelso, Galeno, Hipócrates e tantos outros como inspiração. Não à toa, a coquetelaria que voltou à natureza na nossa era é considerada "apotecária". Qualquer semelhança, como vimos, não é mera coincidência, e sim mais uma forte representante desse cruzo da botica ao boteco.

## TÉCNICAS DE EXTRAÇÃO DE SABOR

### *Decocção*

A decocção consiste em "ferver" o ingrediente imerso em água por tempo determinado para extrair sabores e princípios ativos. Na coquetelaria, a decocção serve principalmente para os preparos não alcoólicos, e geralmente deve ser seguida de um período de infusão. A depender da fragilidade do ingrediente — folhas muito finas, flores muito delicadas —, a decocção pode desmanchá-lo sem que transmita sabor. Por isso, as infusões são geralmente mais recomendadas.

### *Infusão*

As infusões são geralmente lembradas como a técnica mais comum no preparo dos chás. Para ela acontecer, você precisa do líquido e do calor, além do seu ingrediente. Geralmente consiste em colocar o líquido — seja álcool ou água — quente sobre a planta e abafar o recipiente por um período determinado, sendo até 10 minutos o mais comum. As infusões alcoólicas são mais raras por causa da volatilidade do álcool, que evapora com o calor.

*Maceração*

Nessa técnica, o ingrediente (seja casca, planta, raiz ou folha) entra em contato com o líquido em temperatura ambiente e fica curtindo nele por um período prolongado — que pode ser de horas ou até dias. Nesses casos, recomenda-se agitar o frasco da maceração regularmente e mantê-lo ao abrigo da luz e do calor. A maceração deve ser feita sempre em pote hermético de vidro previamente higienizado.

Mas atenção: embora a infusão seja a quente e a maceração a frio (quando o ingrediente curte no líquido), convencionou-se chamar as bebidas que são maceradas ou infundidas em álcool de "infusões".

Por isso, a menos que esteja especificado de outra forma, vamos tratar por infusões neste livro as bebidas resultantes do processo de maceração de ingredientes em álcool frio.

# 5. Tônicos e tônicas

Londres pode não ter sido o único berço do gim, tampouco do zimbro, mas deu nome a um dos estilos mais consumidos da bebida, o London Dry. Mas há outros.

## TIPOS DE GIM

London Dry é o estilo de gim mais consumido no mundo atualmente. Além da presença marcante de zimbro, nada é adicionado à sua fórmula após a destilação de botânicos, nem açúcar. Esse estilo geralmente tem entre 40% e 45% de álcool (ABV).

Os outros estilos mais comuns, embora raramente encontrados no Brasil, são:

- Old Tom: geralmente mais adocicado que o London Dry, pode ter sabor mais intenso de alcaçuz.
- Navy Strength: o mais alcoólico dos estilos, pode chegar a 57% de álcool.

- Plymouth: estilo produzido apenas na cidade inglesa de Plymouth, geralmente leva sete botânicos na sua composição — cardamomo, semente de coentro, casca seca de laranja, zimbro, raiz de angélica e sândalo.

Mas e as tônicas?

Lembra que falamos do poder do zimbro, que deixava tudo tão mais palatável? Pois bem, para adicionar tônica ao nosso gim, é o sabor dele que vai fazer toda a diferença. A bebida continuava sendo servida aos marinheiros e tomada como desculpa aqui e ali em razão de seus princípios medicinais. Mas por volta de 1820 chega a malária, que acomete muitas frotas. Descobre-se, no entanto, que uma casca poderosa encontrada no Peru, amplamente utilizada pelas comunidades locais e povos originários daquela região, seria capaz de tratar a doença. Mas havia um problema: a quina, remédio medicinal indígena, levada aos montes à Inglaterra e usada por oficiais do Exército britânico para combater a malária, o escorbuto e outras doenças durante as expedições à Índia, tinha gosto amargo. Como torná-la menos indigesta? Adicione água ao extrato de quinino retirado das cascas e acrescente à sua ração de gim. Remédio ou coquetel? Eis o rio que navegamos, suas águas são turvas como as fronteiras entre as bebidas dos bares e seus precursores, os remédios.

"Saúde!" Nos despedimos de Londres para atravessar o canal da Mancha rumo à França, em busca de duas bebidas com cor de pedra preciosa.

Antes disso, quer arriscar seu próprio xarope de quina?

## XAROPE ARTESANAL DE QUINA

Muitas plantas no Brasil recebem o nome de quina (quina-amarela, quina-branca, quinaquina, de periquita, do campo, do Pará — a variedade é grande). Muitas delas têm sabor mais palatável e rendem ótimos xaropes. Para fins históricos, usamos aqui a planta conhecida como a quina "verdadeira", a *Cinchona officinalis*, encontrada em mercados e feiras.

Para fazer o xarope, faça um chá forte de quina e adicione açúcar, sempre na proporção de 1:1 — a receita abaixo rende aproximadamente 200 ml de xarope.

| | |
|---|---|
| casca de quina (*Cinchona officinalis*) | 5 g |
| água | 150 ml |
| açúcar cristal orgânico | 150 g |

Depois de ferver a água com a casca de quina, coe a mistura e devolva o líquido à panela, adicionando 150 g de açúcar. Leve ao fogo. Espere o açúcar dissolver e desligue. Transfira para um recipiente de vidro e identifique. Mantenha refrigerado. Validade de 30 dias.

## GIM-TÔNICA ARTESANAL

| | |
|---|---|
| xarope de quina | 50 ml |
| club soda ou água com gás | 120 ml |
| gim | 60 ml |

Sirva os ingredientes em um copo longo ou taça *balloon* com gelo e mexa com cuidado.

### *Dicas da bartender*

- Não mexa muito seu coquetel após colocar o gelo. Na diluição, ele interfere na carbonatação.
- Por melhores que sejam os xaropes de quina artesanais — e há bons produtos disponíveis —, o gosto sempre fica bastante diferente do gim-tônica tradicional, feito com água tônica industrializada. Há boas marcas de tônica no mercado, de sabor e procedência com menos chance de erro.

*Atenção:* A quina tem um componente tóxico, o quinino, que pode ser abortivo. Por isso, não se recomenda fazer o xarope de quina artesanal e tomá-lo com frequência, e é prudente evitar a qualquer custo durante a gravidez. Em caso de não gestantes, apenas a ingestão exagerada da substância provoca efeitos tóxicos. Além disso, nos produtos industrializados, essa quantidade é controlada, e por isso não há riscos. O refrigerante costuma ter 5 mg de quinino por litro (o recomendado em casos de malária, por exemplo, é a ingestão de 1,5 g por dia). Além disso, o quinino usado como medicamento é diferente: usa-se o sulfato ou o cloridrato. Na água tônica, a substância usada é o hidrocloreto.

Ou seja, use com prudência e sempre recorra a farmacobotânicos se tiver dúvidas. E, a menos que você esteja grávida, não há riscos de fazer seu xarope de quina caseiro. É só não beber demais. Mas isso vale para todos os casos.

# 6. Curas que remediam negócios

DO CETIM BRANCO À FADA VERDE

Até agora os goles que bebemos foram criados com fins medicinais, e o gim — esse traiçoeiro — foi um dos primeiros a cruzar a fronteira da botica ao boteco e se espalhar dos monastérios italianos às bodegas holandesas e inglesas, antes bebido a conta-gotas e depois aos baldes. Fico sempre com Paracelso em mente quando penso na dose que separa o veneno do remédio. Pois bem, o gim é um ótimo exemplo desses excessos — eis por que a Inglaterra optou por banir a bebida em alguns momentos históricos através de leis conhecidas como *gin acts* —, e estamos prestes a conhecer outra bebida famosa justamente por isso: o excesso.

Para isso, partimos de Londres à França. A charmosa cidade de Pontarlier fica na região da Borgonha. O ano é 1805, e o empresário Henri-Louis Pernod anda dando o que falar. A fama se deve ao pioneirismo em fundar a Pernod Fils, primeira destilaria da região, que abriria caminho para outras 28, transformando a cidadezinha em um polo produtor da bebida que estamos prestes a experimentar.

Passamos por diversos trabalhadores no caminho até um dos armazéns, onde maços de uma planta esverdeada em processo de secagem estão pendurados e espalhados, emanando um cheiro forte de erva seca no ar. Trabalhadores pegam os ramos já secos para levá-los à maceração. Nosso anfitrião então se aproxima de uma das sacas, mergulha a mão nas ervas secas e retira um punhado, nos apresentando a matéria-prima de seu produto principal: *Artemisia absinthium*! Pegamos um tanto direto das mãos dele e colocamos na boca. Pense num amargor profundo e adstringente, daqueles que fazem a gente franzir a testa e salivar. Percebendo a nossa reação, Pernod já avisa que o absinto que beberemos não guarda resquícios desse amargor e aponta com a cabeça para outras sacas dispostas no chão — essas são de anis e erva-doce. "A artemísia é apenas um dos ingredientes de nossa complexa bebida", alerta, revelando parte do segredo da fórmula. E dá uma piscadinha.

Pernod conta que a fórmula do absinto produzido ali teria sido fruto de uma negociação com Daniel Dubied, dono de uma destilaria em Couvet, na Suíça. Dubied foi quem sacou que o elixir, criado e produzido artesanalmente pelo médico francês Pierre Ordinaire e vendido por ele como "a cura para todo mal", teria chegado a um fino equilíbrio de sabores amargos e doces e seria uma cura e tanto também para remediar seus negócios. A mistura de artemísia, cujo amargor era camuflado pelo anis e pela erva-doce, produzia uma cor irresistível por conta da clorofila e um sabor herbáceo adocicado que certamente poderia ser tomado em doses nada medicinais. Por isso, Pernod logo tratou de comprar a fórmula. Não para comercializá-la como remédio, mas como bebida — podendo até mesmo usar esse "cruzo" entre os dois como desculpa para vender ainda mais garrafas. O poder inebriante do líquido, no entanto, era altíssimo, e superava seus efeitos terapêuticos — algumas versões produzidas na época chegavam a ter 72% de álcool.

Num dos depósitos da destilaria estão guardadas as garrafas verdinhas com o rótulo "Pernod". Henri nos presenteia com uma delas, que atravessará séculos até a prateleira de nosso bar. Abrimos a garrafa, brindamos.

"À fada verde!", ele diz, numa referência ao apelido carinhoso que o absinto ganhou na época, já que sua ingestão levaria as pessoas a flutuar como uma fada através do seu pirlimpimpim verde-esmeralda.

Bebemos, pois. O gosto doce e anisado quase nos faz esquecer que tudo teria começado com o amargor da artemísia. Ah, o sabor! Esse agente que profanou as propriedades terapêuticas do zimbro fez mais uma vítima na história e nos explica, mais uma vez, por que essas misturas de ervas e álcool saíram dos receituários médicos para as fórmulas das destilarias e, finalmente, para os nossos bares e taças. Um "remedinho" com um gosto bom desses? Vamos produzir e vender em litros, pensaram os comerciantes da época.

Mas o negócio de seu Pernod estava prestes a desmoronar. Além do alto teor alcoólico que levou a abusos sem precedentes, uma substância alucinógena chamada tujona, com efeito que pode ser comparado ao THC e presente na artemísia, teria sido culpada pelas doideiras supostamente praticadas em seu nome. Teria sido sob seus efeitos que Paul Verlaine atirou em seu amante, Arthur Rimbaud, e que um alucinado e embriagado Van Gogh cortou a própria orelha. Por isso, em 1915, apenas três anos depois de um recorde de produção de 220 milhões de litros na França, a fada foi fadada ao fracasso e a bebida, banida. Mas então como ela figura hoje tão preciosa em nossos bares? Pois, ainda que a reputação não tenha sido totalmente recuperada, os efeitos colaterais e alucinógenos do absinto nunca foram confirmados, e ele voltou à produção em larga escala em diversos países naquele mesmo século. Atualmente, a bebida tem teores alcoólicos que começam nos 40% e podem chegar aos elevadíssimos 90%. Vários locais — como o Brasil — impõem limites ao percentual de álcool permitido. Por aqui, o limite é 54%. O rótulo deve sempre trazer essa informação.

Me recordo assim de uma anedota interessante sobre a artemísia. Dizem que na Roma Antiga, os vencedores das corridas de bigas recebiam um recado em forma de bebida na comemoração: uma dose de um preparado de artemísia macerado em vinho. O gesto serviria — e serve até hoje — para nos lembrar que até a vitória tem um lado amargo. O absinto também teve o seu.

O pantone da fada verde nos acompanhará até Grenoble, a duzentos quilômetros de Pontarlier, para encontrar outra bebida. Além da tonalidade esmeralda, ela também é fruto da maceração de ervas e teve a mesma trajetória do absinto: cruzou a fronteira de elixir medicinal para as garrafas que compõem nosso bar.

## "ELES SÃO DISCRETOS E SILENCIOSOS"

O monastério da Ordem dos Cartuxos fica perto do monte Som. O lugar é rodeado por árvores e o silêncio toma conta do complexo imponente, feito em pedra, fundado em 1084 — quase um milênio antes da nossa visita, que ocorre em 1838. Os cartuxos vivem até hoje — os longínquos 2020 — em clausura, e não conversam nem entre si, a não ser aos domingos.

Os corredores são pouco iluminados e os salões são frios. Por todo o lugar, o silêncio é cortante, e qualquer sussurro aqui não passaria despercebido. A sala de ervas fica no lugar onde antigamente estava a antiga padaria do mosteiro. Há sacas fechadas, e somente pelo cheiro já sabemos que elas guardam algumas das 130 plantas escolhidas para compor os licores Chartreuse, dos mais famosos e secretos do mundo. O aroma é de herbáceo e floral, uma aromaterapia dos deuses.

A produção dos licores ainda é feita inteiramente no monastério a partir de uma receita medicinal, claro. Na época que visitamos os monges, de vocação bastante austera, eles ainda tinham o papel de curandeiros, e dispunham ali de um grande jardim para preparar seus remédios. Em 1737, a ordem resgatou uma fórmula antiga, do século XVI, para produzir um tônico herbal composto de 130 ervas chamado de Elixir Vegetal de la Grande Chartreuse. O líquido tinha 69% de teor alcoólico e propriedades digestivas. O elixir, preparado até o século XXI no mesmo lugar, é amplamente usado como agente aromático de sabor na coquetelaria, e deu origem a dois licores preciosos: o Chartreuse verde e sua versão amarela, criados em 1764 e 1838, respectivamente.

Um monge nos traz uma garrafa de cada nas mãos. Nos leva até um canto, onde improvisa uma mesa. Ele pega de um armário duas taças e serve uma dose de cada um dos licores antes de estendê-las a nós. Assim que você aproxima o nariz da versão esverdeada, o cheiro de alcaçuz, um dulçor fresco e doce de xarope de ervas, toma conta do ar, enquanto o tom verde-limão do líquido é tão intenso que ele já ganhou o apelido de "verde Chartreuse". Beba um gole, sinta a explosão herbácea quase mentolada e a doçura caramelada. Sabe que gosto é esse? Gosto de séculos de história seguindo à risca a mesma receita. Pegue a taça com a bebida amarela. Perceba o cheiro de flores se desprendendo no ar e a primavera que desabrocha no primeiro gole.

## LAST WORD

Uma das receitas de coquetel mais famosas que leva a versão verde do Chartreuse é o Last Word.

30 ml  gim
20 ml  Chartreuse verde
20 ml  Luxardo Maraschino
20 ml  sumo de limão-siciliano

Bata todos os ingredientes em uma coqueteleira com gelo e sirva em uma taça coupé previamente gelada. Decore com uma cereja amarena ou uma casquinha de limão-siciliano.

Não é porque me deixo levar pela atmosfera mística deste lugar que sinto que participamos de uma espécie de ritual que honra o trabalho minucioso desses monges, até hoje seguidores das regras herméticas e misteriosas de produção desses preciosos líquidos. Entre as normas, sagradas e consagradas, está a de que, em cada período histórico, apenas dois monges sabem a combinação das dezenas de ervas usadas em ambos os licores, e são eles próprios que maceram e misturam os botânicos antes da destilação. Aqui, onde estamos, na sala de ervas, as misturas são ensacadas e numeradas em série antes de serem encaminhadas para o setor de destilação, de onde só saem como licores depois de uma inspeção criteriosa dos monges que conhecem a receita. O padrão de qualidade está no paladar de cada um deles. É o sabor que vai dizer se aquele licor pode receber o rótulo secular de "Chartreuse".

Mas estes não são os únicos monges alquimistas.

Em Fécamp, na Normandia, o licor DOM é produzido desde 1863 a partir de uma receita criada pelos monges beneditinos em 1510 e desde então mantida em segredo. Sabemos apenas ser composta de 27 ervas, flores e especiarias — entre elas a raiz da planta angélica. Não dos anjos, mas dos deuses. O licor é untuoso, tem um gosto de mel e notas de noz-moscada e sálvia. O Bénédictine, como se tornou conhecido, é um licor essencial para o mundo dos bares e compõe a receita de clássicos, como o Vieux Carré.

### VIEUX CARRÉ

| | |
|---:|---|
| conhaque | 30 ml |
| rye ou bourbon | 30 ml |
| vermute rosso | 30 ml |
| Bénédictine | 10 ml |
| Angostura | 1 *dash* |
| Peychaud | 2 *dash* |

Coloque todos os ingredientes em um mixing glass com gelo e misture até gelar. Sirva em um copo baixo com uma boa pedra de gelo e uma casquinha de laranja.

## UNDERBERG

Outra receita secreta guardada a sete chaves por dois monges — um deles residente aqui no nosso Brasil — é a de Underberg. Eles são chamados de "Geheimnisträger" — ou, os guardiões do segredo. A palavra vem do alemão, mesma nacionalidade do homem que a criou, em 1846, baseado na fórmula de um digestivo elaborado por beneditinos na Bavária. Para a receita do tônico estomacal, foram selecionadas ervas de 43 países, que depois de destiladas e maceradas descansam em barris de carvalho esloveno. Diferente do licor que provamos antes, esse tem um sabor bem mais amargo.

A garrafinha escura tem 20 ml apenas e a tomamos de uma vez, como uma dose medicinal. Aliás, foi pensando nisso que o alemão Hubert Underberg criou-a em Rheinberg, para que fosse ingerida na dose correta após as refeições pesadas feitas na época. O gosto é amargo e terroso, meio mentolado, de casca de árvore, e lembra remédio, com um leve dulçor.

Agora se você, como eu, ficou curioso para saber o que o Brasil tem a ver com isso, vamos à história. Uma das cinco pessoas que conhecem a receita é um monge brasileiro. E isso se deve à versão, considerada "tropicalizada", da bebida que ganhou o nome de Brasilberg e começou a ser produzida por aqui em 1932. A produção teve início quando o neto de Hubert, Paul, veio ao Brasil para prospectar novos negócios e buscar novos ingredientes, com passagens inclusive pela Amazônia, onde ele encontrou ervas para incorporar à receita. A propaganda da época dizia que "um cálice por dia dá saúde e alegria" e incentivava o consumo do digestivo puro, com gelo ou água tônica.

O Underberg foi apenas um dos muitos tônicos herbáceos, macerados de ervas, cascas e raízes em base alcoólica, destilados ou não, que passaram a ser produzidos em escala a partir de 1800. Aqueles com teor alcoólico mais alto e mais concentrados eram chamados de *bitters* e consumidos geralmente após a diluição em água, com apenas algumas gotas. Já os *amaros* eram menos concentrados, potáveis e servidos prontos para beber (ver p. 190).

No século XIX, esses tônicos eram vendidos como estimulantes de apetite ou revigorantes, além de digestivos. Algo como nosso bom e velho Biotônico Fontoura. Alguns dos mais usados até hoje — Angostura e Peychaud — são de meados de 1800 e foram amplamente administrados de forma medicinal antes de adentrarem nossos coquetéis. E isso ocorreu por duas razões principais: o sabor, que os transformou de elixires medicinais em garrafas de bebidas, e a propriedade de tônico digestivo, usada como desculpa durante muitos anos para seu consumo e popularização.

CULPAS E DESCULPAS AMARGAS

Os amargores da colonização e da história não chegaram apenas ao Brasil. Nos nossos vizinhos latino-americanos, o conhecimento dos povos originários sobre as plantas também rendeu — muitas vezes às custas da cultura local — remédios poderosos aos europeus que aqui chegavam, supostamente mais sabidos e entendidos da medicina tida como mais avançada pelos invasores.

Na Venezuela, por exemplo, em vez das bebidas e remédios dos povos nativos, foi o preparo de um médico alemão chamado Johann Gottlieb Benjamin Siegert que acabou ficando famoso. Na época da nossa "visita", ele acaba de ser condecorado por Simón Bolívar como cirurgião geral do Exército. Ele nos recebe na vila de Angostura, no sudeste do país, onde produziu, em 1824, o bitter que, usado como tônico digestivo para as tropas bolivarianas, lhe rendeu a condecoração. Siegert é homem de poucas palavras e focado. Ele conta que chegou ali em 1820 e viu que os soldados estavam fatigados — muitos mal conseguiam lutar porque ora tinham desarranjos, ora eram acometidos por febres violentas. Siegert foi então buscar no entorno algo que pudesse ajudá-los, pois não conseguiria fazer nenhum insumo chegar até aquele lugar com facilidade. E foi assim que ele começou as buscas nas regiões próximas ao rio Orinoco e desenvolveu a fórmula batizada por ele de "Amargo Aromático".

Muitos soldados reagiram bem ao tratamento, e os marinheiros, que passavam pela região em razão da conexão com a bacia do Caribe, levam alguns exemplares. "Chegaram a mim as notícias de que até os almirantes ingleses têm usado algumas gotas do Aromático em suas rações de gim" — ele então faz uma cara de ressabiado, como quem diz "vai entender".

Eu rio, pensando que Siegert não faz ideia de que a "fórmula" espontânea dos marujos ingleses viraria um clássico da coquetelaria, o Pink Gin.

PINK GIN
———

60 ml gim
4 *dashes* Angostura

Em uma coqueteleira, coloque os ingredientes, complete com gelo e bata bem.

Sirva em uma taça com uma casquinha de limão-siciliano. Se quiser, pode adicionar 30 ml de água para diluir melhor o drinque e deixá-lo menos alcoólico.

O nome foi dado ao drinque por causa da cor que a Angostura — nome atual do bitter criado pelo nosso anfitrião e que tem uma tonalidade rubra — dá ao gim quando algumas gotas são adicionadas a ele. O dr. Siegert não sabe que anos depois a popularidade da sua criação o levaria a exportar as garrafinhas e que, em 1850, ele deixaria a Venezuela e a carreira militar para se dedicar exclusivamente à produção de seu Amargo Aromático e fundar a "Casa de Angostura" em Trinidad e Tobago — onde é produzido até hoje e cuja receita é mantida em segredo. Pouco se comenta a relação do médico alemão com os povos originários da Venezuela, que, assim como os do Brasil, eram conhecedores dos princípios ativos das plantas locais. Não me surpreenderia, no entanto, se o conhecimento do doutor sobre essa riqueza toda tivesse sido passado a ele — e apropriado por ele — por essas comunidades.

PEYCHAUD

Algumas gotas são suficientes para nos levar a Nova Orleans, onde reside e trabalha o farmacêutico criador de outra garrafinha de bitter, o Peychaud, sem o qual não existiria um dos coquetéis mais clássicos de todos os tempos: o Sazerac.

Seu endereço é o número 123 da Royal Street (atual Rue Royale, 437). Na porta, um quadro pendurado a uma corrente de ferro balança: "Apotecário", lê-se. A cena nos é familiar.

Antoine Amédée é um homem elegante, de negros bigodes, e recebe os clientes de terno bem cortado e chapéu em sua "apoteca", onde comercializa o digestivo batizado de American Aromatic Bitter Cordial, que mais tarde seria batizado com seu último sobrenome, Peychaud. Eu me lembro da botica de Quincy, saudosa. Enquanto esperamos, um funcionário nos oferece uma bebida: "Uma dose de brandy e algumas gotas do precioso elixir do senhor Amédée".

Eu rio timidamente ao fazermos um brinde. Isso porque provavelmente esse "coquetel" improvisado é o precursor do Sazerac, que faria a fama de Nova Orleans ao lado da boa música. Esta botica onde Antoine vende o digestivo viraria, anos mais tarde, não por acaso, um botequim, e a garrafinha permanecerá lá, inalterada, mas ressignificada.

### SAZERAC

| | |
|---:|---|
| 30 ml | bourbon ou rye |
| 30 ml | brandy |
| 2-4 *dashes* | Peychaud |
| 1 cubo | açúcar |
| 10 ml | absinto para lavar o copo |
| *zest* | limão-siciliano |

No copo em que for servir, coloque o absinto e mexa o copo para lavar o interior com o aroma da bebida. Adicione o gelo e reserve.

Em um mixing glass, umedeça um cubo de açúcar com algumas gotas de Peychaud e macere. Acrescente o rye ou o bourbon com o brandy e mexa com gelo.

Despeje e desprezo o gelo do copo com absinto. Coe a mistura feita no mixing glass e sirva sem gelo com uma casquinha de limão-siciliano.

Antoine conta que se tornou farmacêutico e lembrou de uma receita que sua família preparava para ajudar na digestão. "Como esses tônicos estavam na moda por toda parte, criei o meu, à base de raiz de genciana", e então ergue um pedaço de pau, sua matéria-prima principal.

Pego a garrafinha e despejo algumas gotas na mão antes de levá-la à boca e sentir o sabor da fórmula criada por ele: meio anisado, meio floral, mentolado no final, com notas de alcaçuz e cereja.

Antoine estava certo sobre a moda dos elixires. Muitos apotecários da época trabalhavam sem formação e, com a popularidade dos tônicos, teve muita gente honesta reproduzindo fórmulas à base de ervas, mas teve também muito charlatão vendendo produtos duvidosos. Esses últimos logo ficariam conhecidos como "snake oil men" (os homens dos óleos de cobra, numa referência a ingredientes ofídicos usados em seus supostos elixires medicinais). Com suas malas *pseudoapotecárias*, ou caixas de botica, eles montavam bancas e vendiam, de porta em porta, misturas ditas "milagrosas e restauradoras".

Mas há que se responsabilizar outro fator pelo sucesso dessas fórmulas. Elas possibilitavam àqueles que queriam beber uns tragos uma desculpa e tanto. Afinal, não era por causa do álcool, mas por conta dos benefícios medicinais que muitos diziam ingerir esses produtos — diluídos em água ou com uma dose de brandy, como nos orientou Antoine.

David Wondrich, um dos principais pesquisadores sobre a história da coquetelaria, me contou que foi justamente porque algumas dessas bebidas seriam digestivas que elas fizeram o cruzo da botica para o boteco e foram aproveitadas pela indústria.

> Pense na tradição dos italianos com os *amari*. Se você visitar a Itália hoje verá que muitos deles virão com a ideia de que esses macerados alcoólicos de ervas, cascas e raízes são bons para a digestão, então continuam tomando uma dose para abrir o apetite. O que parece ser recreativo ou por lazer para nós, talvez possa não ser 100% recreativo para muitas culturas — e parte da medicina tradicional e popular de muitas delas. Se pensarmos na história internacional dos bares, vemos que isso aconteceu por causa de uma

tradição britânica que foi incorporada pelos americanos: transformar uma bebida medicinal em uma dose recreativa. E isso ocorreu principalmente por causa dos bitters. As pessoas tomavam seus bitters logo pela manhã com a desculpa de que eram medicinais e preparariam o estômago para o dia. Aí por fim eles pararam de fingir que era por causa dos benefícios medicinais — e isso ocorreu na primeira metade do século xix.

Segundo ele, "algumas bebidas ainda são as duas coisas — medicinais e recreativas — e a indústria soube aproveitar isso, lançando produtos dessa natureza".

# 7. Aperitivos e digestivos

As desculpas para se beber alguns preparos medicinais alcoólicos amargos como elixires para acalmar o estômago atravessaram tempos. Dos bitters como Peychaud e Angostura até os amaros italianos, os aperitivos e digestivos estão no centro da história desse cruzo que temos acompanhado por aqui.

O sucesso das receitas criadas a partir da maceração de ervas, cascas e raízes em base alcoólica que vimos até aqui chamou a atenção de proprietários de destilarias e afins, induzindo-os e incentivando-os ao negócio popular e lucrativo dos digestivos e aperitivos. Bebidas que já nasceram recreativas, mas que guardavam receitas antes consideradas apenas medicinais. Não seria necessário que as bebidas saíssem de farmácias e boticas rumo aos balcões dos bares, mas as fórmulas, bastante manjadas e de estrutura conhecida apesar do segredo sobre os ingredientes, já seriam produzidas para serem servidas nos botequins, com ou sem a desculpa medicinal, e com muito sabor.

Não é de admirar que essas bebidas tenham feito sua fama na terra da mesa farta, onde aperitivos e digestivos são incorporados às refeições, como David Wondrich já adiantou. *Benvenuto in Italia*!

Abrimos a rodada das bebidas que foram criadas inspiradas nos bitters medicinais com dois dos aperitivos mais famosos do mundo: Campari e Aperol. Criados em 1860 e 1919, respectivamente, essas fórmulas já surgiram prontas para beber, e não concentradas como Angostura e Peychaud, que precisavam ser diluídas em álcool ou água. Além disso, os preparados foram lançados com graduação alcoólica mais baixa — uma característica que ajudava tanto a vender bebidas como a classificá-las como "digestivas".

No caso do pantone rubro do Campari, a criação foi de Gaspare Campari, que teve a ideia enquanto ainda trabalhava em um bar em Cassolnovo, na Lombardia, e, atento, foi percebendo o gosto dos clientes. Quando finalmente abriu seu primeiro bar, já em Milão (onde até hoje é produzida a bebida), tinha conhecimento suficiente das bebidas que despertavam maior interesse dos consumidores e iniciou a criação de receitas próprias de infusões, aromáticos e bitters. A primeira foi chamada de Bitter all'Uso d'Holanda, e outras 25 fórmulas se seguiram, entre elas a mais famosa: o Campari, que leva sessenta ingredientes secretos entre cascas, frutas, especiarias, ervas, raízes, e era servido como aperitivo. Na época da criação, a tonalidade carmim vinha de cochonilhas — insetos pequenos — esmagadas. Criatividade ou influência dos homens do óleo de cobra nos testes de Gaspare? Não saberemos. Mas sabemos que, desde 2006, o Gruppo Campari mudou a fórmula da bebida e dispensou os insetos.

Davide, filho de Gaspare, assumiria o negócio anos depois, e compraria até outras fórmulas digestivas, como o Aperol, inicialmente produzido pelos irmãos Luigi e Silvio Barbieri. Lançado em 1919 durante a Feira Internacional de Pádua, foi resultado de sete anos de pesquisa, e a fórmula também permanece secreta. Sabe-se apenas que, entre os ingredientes estão laranja amarga, ruibarbo, genciana e quina. O nome foi inspirado na palavra francesa *apéro,* que significa aperitivo.

## AMAROS DIGESTIVOS

Mas a Itália, terra da boa comida, preocupou-se em criar bebidas não apenas para abrir o apetite como também para encerrar as refeições. Os digestivos mais famosos do mundo são italianos, e conhecidos como "amaros". A fórmula básica é a mesma: macerados de ervas, cascas, raízes e frutos em álcool neutro, cuja receita é geralmente secreta. Seja qual for seu mistério, os amaros se tornaram ingredientes indispensáveis em qualquer balcão de bar. Entram aí o Cynar, feito a partir de folhas de alcachofra do vale do rio do Pó, no norte da Itália, e a Fernet-Branca, um digestivo criado em 1845 com 27 ervas e envelhecido em barris de carvalho. Eles têm gosto de remédio, e ouso dizer, para referência, que lembram as colheradas de Biotônico Fontoura que minha mãe me dava, ainda criança, como melhorador de apetite. Funcionou.

Outros países criaram versões próprias dos amaros, privilegiando os botânicos e a flora locais. Ainda na Europa vale ressaltar outros representantes amargos e digestivos, como o húngaro Unicum e o francês Amer Picon, além do bastante conhecido Jägermeister alemão.

O Brasil, claro, tem seus amargos, amargores e amarguras para compor essa história, além de uma das biodiversidades mais abundantes do mundo para oferecer ingredientes a serem embebidos em álcool. Mas, antes da volta para casa, é importante ressaltar que, no percurso por séculos e civilizações que fizemos até agora, muitos personagens, bebidas e tradições ficaram de fora. Durante nossa leitura, desembarcamos juntos, por meio de goles selecionados e garrafas escolhidas a dedo, em certos momentos históricos que marcaram a relação entre as ervas e o álcool, dos elixires aos coquetéis — fronteira ultrapassada o tempo todo por receitas que guardam fórmulas tão antigas quanto secretas.

Cada um dos personagens que apresentei no livro até agora buscou em quintais, hortas, florestas e herbários um buquê tão particular que preferiu manter sua composição oculta, como um tesouro. Talvez soubessem que lidavam com a natureza, generosa e disponível, e que suas misturas seriam recriadas com menor ou maior dificuldade caso fossem reveladas. Mas era preciso olhar com cuidado para a mesma abundância vegetal a fim de selecionar os ingredientes e manipulá-los — era necessário saber dos efeitos colaterais e princípios ativos dessas ervas, além de seus sabores. Por isso, o ofício é tão precioso: não basta conhecer o gosto e o cheiro das plantas, é preciso ter certa familiaridade com elas.

Para nós, hoje, não há motivo para manter esses preparos em segredo. O que pretendo neste livro é justamente quebrar os códigos, jogar luz e dar ferramentas para que usemos os ingredientes à nossa disposição — nas florestas ou no quintalzinho de casa — no preparo das bebidas, valorizando e reconhecendo os ingredientes brasileiros. Perdoe-me, Oswald, pela citação, mas "Tupy or not tupy" já está fora de questão.

Alguns dos coquetéis mais famosos — e deliciosos, na minha opinião — levam amaros. Fiz aqui uma breve seleção de alguns, inclusive um autoral:

### CLÁSSICO DOS CLÁSSICOS
*por Néli Pereira*

———

| | |
|---:|---:|
| bourbon | 60 ml |
| amaro (Averna e Lucano funcionam bem aqui) | 30 ml |
| Licor 43 | 15 ml |

Mexa todos os ingredientes em um mixing glass com gelo. Coe em um copo baixo com uma pedra grande de gelo ou gelo esférico e sirva com um quadradinho de chocolate amargo.

### HANKY PANKY
*por Ada Coleman*

———

| | |
|---:|---:|
| gim | 60 ml |
| vermute rosso | 30 ml |
| Fernet-Branca | 15 ml |

Mexa todos os ingredientes em um mixing glass com gelo. Coe em uma taça coupé previamente gelada e sirva com uma casquinha de limão-siciliano.

Se você quiser trocar o gim pelo bourbon, use as mesmas proporções e faça um delicioso Franciulli.

## AMARO SOUR

60 ml  amaro de sua preferência
30 ml  limão (o limão-cravo funciona lindamente nessas receitas)
12 ml  xarope de açúcar simples
   1   clara de ovo (opcional)

Bata todos os ingredientes em uma coqueteleira com gelo e sirva em um copo baixo com gelo. Pingue algumas gotinhas de Angostura em cima do coquetel. Se estiver usando a clara de ovo, faça um dry shake, ou seja, bata antes os ingredientes sem gelo e depois novamente com gelo para que a mistura fique mais cremosa.

## NEGRONI

30 ml  gim
30 ml  Campari
30 ml  vermute rosso

Mexa todos os ingredientes em um mixing glass com gelo. Coe em um copo baixo com uma pedra grande de gelo ou gelo esférico. Sirva com uma casca de laranja. Ou faça como os italianos e despeje todos os ingredientes diretamente em um copo baixo com gelo e misture. Sirva com meia rodela de laranja.

Se trocar o gim por bourbon, utilizando as mesmas proporções você tem um belo Boulevardier. Adicione alguns *dashes* de bitter de laranja e sinta a diferença!

## MILOME

**Nome científico:** *Aristolochia cymbifera*
**Família:** Angiospermae/ Aristolochiaceae
**Aparência:** trepadeira herbácea, flores solitárias em formato de urna
**Incidência:** Sul e Sudeste
**Toxicidade:** potencialmente abortivo, grávidas devem evitar. Pessoas com problemas hepáticos ou com pressão alta devem também evitar o consumo excessivo
**Perfil de aromas e sabores:** supertânica, terrosa, acética, amarga, levemente ácida

"Milome", essa junção assim tão brasileirinha, é o diminutivo de "mil-homens". Não fosse o sabor tão intenso e único desse cipó, eu o usaria na minha coquetelaria por causa do nome. Quer coisa mais brasileira que essas intimidades? "Vê aí uma pinguinha de milome." Ninguém quer encostar no balcão do bar e pedir uma cachaça infusionada com a raiz do "cipó-mil-homens" — não somos chegados a essas formalidades. Apelidamos tudo, a gente não se aguenta. O próprio milome pode também ser conhecido, por exemplo, como "papo-de-peru", e tudo porque a flor, em formato de vagem ou de fava, que brota de seus caules emaranhados, é rajada em branco e roxo, lembrando justamente o papo que faz "glu-glu". A gente não deixa barato.

Mas engana-se aquela que acha que o simples cipozinho ajudaria a atrair milhares do sexo oposto. Não, o milome não é assim tão milagroso, nem tem propriedades estimulantes ou potencialmente atrativas, que provoque a liberação de tanto feromônio. A origem de seu nome também não é bíblica, vejam só, e não está relacionada ao famoso salmo que prega: "Cairão mil ao teu lado e dez mil à tua direita, mas tu não serás atingido". A plantinha não é assim tão divinamente poderosa, nem usada contra urucubaca ou olho gordo. Dito isso, as propriedades medicinais são muitas: é cicatrizante, auxilia na digestão, combate sintomas da TPM e por aí vai.

Mas os tais mil homens da nomenclatura, como tantos causos no Brasil, têm algumas versões. Dizem que o famoso sanitarista Carlos Chagas o teria batizado depois de tratar com a planta milhares de operários ferroviários de um surto de malária. Embora essa deva ser a razão mais plausível, eu gosto também de contar a outra suposição, na qual um curandeiro das matas teria curado com o tal do cipó mais de mil homens que haviam sido picados e envenenados por jararacas. Extraordinário, e por isso mesmo pouco crível. Mas vale a anedota.

O certo é que mais de mil homens e mulheres já o provaram embebidos em cachaças pelo Brasil afora, seja como desculpa para abrir o apetite, seja para provar, na boca, seu amargor potente. Quando coloquei alguns tocos das raízes secas no pote de maceração pela primeira vez com vodca, o líquido resultante ficou lá por meses até que eu tomasse coragem para usá-lo, tamanha potência de sabor. Assim que abri o pote, subiu um aroma forte de terra molhada, de cânabis, acético, nem um pouco agradável, eu diria. Quando finalmente o resgatei, foi para finalizar um coquetel herbáceo e cítrico, que "faltava alguma coisa, uma profundidade", e ganhou uma camada ainda mais complexa de sabor com alguns poucos mililitros da infusão. Embora desafiador, seu gosto é tão particular que se tornou ingrediente fundamental em muitas das minhas receitas, não apenas de coquetéis mas de amaros, vermutes e outras garrafadas.

Além da *Aristolochia cymbifera*, outras plantas da mesma família também são usadas com o mesmo sabor — geralmente encontrado nas raízes secas. *Aristolochia triangularis*, *Aristolochia esperanzae*, *Aristolochia labiata* e *Aristolochia ridicula*. Essa última nomenclatura é a única de que ouso discordar. O milome pode ser desengonçado e todo emaranhado. Mas me perdoem os botânicos, de "ridícula" essa planta não tem nada. E tenho dito.

## TINTURA DE MILOME

Por causa do sabor potente, eu gosto de usar o milome como tintura, para adicionar em gotas ao coquetel, complementando o sabor dos drinques e incluindo uma nova camada de sabor e profundidade.

20 g raiz de cipó-mil-homens seca
60 ml vodca

Macere bem as raízes com o álcool, quebrando-as com um pilão. Guarde em um pote hermético previamente higienizado e mantenha ao abrigo da luz e do calor.

Depois de 20 dias, agitando o frasco a cada 3 dias, coe a mistura. Engarrafe e identifique. Mantenha fora da geladeira, ao abrigo da luz.

### *Dicas da bartender*

- Experimente adicionar algumas gotas da tintura no seu gim-tônica para uma experiência ainda mais amarga.

## VERDEJANTE
*por Néli Pereira*

Criei esse coquetel atendendo a uma demanda de pessoas que gostavam de coquetéis herbáceos e bem amargos, mas não estão sempre dispostas a tomar drinques superalcoólicos ou de baixa diluição. Esse coquetel tem sabor bastante medicinal e a tintura de milome confere um sabor bem terroso misturada ao Underberg.

|  |  |
|---:|:---|
| Underberg | 50 ml |
| folhas de manjericão | 6 ou 8 |
| tintura de milome | 10 ml |
| água tônica | 20 ml |

Macere todos os ingredientes em um copo baixo. Complete com gelo moído e finalize com a água tônica.

### CIPÓ CAFÉ
*por Néli Pereira*

|  |  |
|---:|:---|
| vermute rosso | 50 ml |
| café espresso | 20 ml |
| tintura de milome | 5 ml |

Bata todos os ingredientes em uma coqueteleira com gelo. Coe e sirva em um copo baixo com gelo.

PARTE II
# Ervas encantadas do Brasil

*Depois de nos embriagarmos de histórias sobre as bebidas medicinais e recreativas criadas a partir da mistura de álcool e plantas, nos debruçamos agora sobre como no Brasil essas plantas estão sempre ligadas a algum rito, religião ou mandinga. Também mostro como algumas plantas formam bebidas ritualísticas e ancestrais por nossas terras. Afinal, por aqui, tudo que é do mato tem mandinga.*

# 8. Sem planta, não tem Brasil

Diferentemente da história do contato com as plantas em diversos países — e de sua mistura com o álcool —, aqui no Brasil há ritualísticas e encantarias da sabença popular que estão diretamente ligadas a elas. Assim como não é possível falar de medicina popular no nosso país sem falar do sagrado das plantas, não dá para falar de plantas sem falar do sagrado aqui no Brasil. Simples assim. Quer ver?

Camomila para acalmar, catuaba para estimular, boldo para aquietar o estômago, louro para prosperar, alecrim para alegrar, arruda para limpar, guiné para proteger. Um vasinho com as sete ervas na frente de casa porque vai que... Uma espada-de-são-jorge sempre é bom ter. E se a zica pegou, melhor benzer.

Não tem Brasil sem planta, percebe? Não "somos" sem essa relação intrínseca com o reino vegetal — seja ela cultural ou espiritual, não importa. Ela nos define, nos caracteriza.

E, como vimos, os povos originários de Pindorama já sabiam disso muito antes da invasão portuguesa, e tiveram seu conhecimento sobre nossa flora absorvido — quando não *apropriado* — pelos colonizadores. Mas a maioria de nós só começou a ouvir mais atentamente o que eles têm a dizer sobre essa relação há pouco tempo. É uma pena — caso contrário, teríamos protegido muito mais nossas florestas. E as defendido. Mas, toda essa sabedoria, ou tecnologia, como eu gosto de chamar, ainda está aí, e mais acessível e em pauta do que nunca.

O Brasil está na vanguarda de um movimento crescente de interesse pelas plantas que ultrapassa a botânica — envolve a filosofia, a arquitetura e até a robótica. Todas as áreas olham para o mundo vegetal com uma simples tarefa: aprender. O pioneirismo nesse tema vem justamente dos povos originários brasileiros, que registraram e ainda mantêm viva essa relação. Ailton Krenak vem repetindo resiliente e insistentemente que a resposta está na natureza e nos planos de adiar o fim do mundo. Davi Kopenawa nos alerta sobre a queda do céu caso não haja floresta e nos relata experiências de comunhão plena e profunda com as nossas matas. Mas agora teóricos e acadêmicos do restante do mundo também se voltam para essa verdade inexorável: as plantas, renegadas por nossas cegueiras botânicas, são o nosso futuro, caso não terminemos de as destruir no presente.

São muitos os autores — muitos deles já bem pop — que analisam essa relação: o sociólogo francês Michel Maffesoli em seu *Ecosofia* propõe uma nova forma de habitar o planeta, capaz de nos reconectar com o ambiente e com nós mesmos, a fim de salvar nossa espécie. O americano Michael Pollan dedicou um livro inteiro ao assunto, falando do estado de alteração de consciência que buscamos nessa relação — seja para estimular, como na cafeína, ou para acalmar, como na camomila, conforme já citei. O italiano Stefano Mancuso, com o best-seller *Revolução das plantas*, fala da neurobiologia e ressalta a força e a inovação das plantas, e faz comparações provocativas entre elas e os animais. "Enquanto os animais reagem com movimento às transformações do ambiente que os rodeia, evitando mudanças, as plantas respondem a um contexto em mutação contínua com a adaptação",* diz um trecho do livro. Convenhamos que não temos reagido muito bem.

*Kò sí ewé, kósi orìsà*, diz a frase em yorubá ligada ao rei das folhas Ossain no candomblé. *Sem planta não tem orixá* é a tradução. O fato é que sem planta não tem nada. Que todas as vozes que agora se juntam para falar sobre esse assunto urgente e encantador possam ressoar em ações práticas contra o desmatamento, contra retrocessos que andam a passos largos, a favor dos direitos dos povos originários, e contra quem ainda não entendeu que sem planta não tem Brasil — e não tem nem a gente.

> Os tambores na floresta
> São clamores pela cura
> A raiz se manifesta
> Onde a seiva se mistura
> Cai a tarde vai cruzar o céu eye
> O olhar sagrado vai resplandecer
> A quem foi um dia escravo, senhor do axé (axé)
> Ossain macera nas folhas a fé
> Ossanha prepare o pilão
> A sua missão é legado de Olodumaré.
>
> Êh katendê, lá na mata da Jurema
> Kò sí ewê kósi orixá
> Abô, abô
> Preto veio ensinou, hoje eu quero me banhar**

---

* Stefano Mancuso, *Revolução das plantas*. São Paulo: Ubu, 2019.
** GRES Unidos de Padre Miguel, samba-enredo de 2017.

Quem diz que Ossain tem uma perna só não sabe que o que o sustenta é um tronco de árvore — mãe de todas as folhas. Ele é o orixá que mora nas florestas, e o único a conhecer os segredos para encantar todos os vegetais, a fim de usá-los como remédio ou veneno.

Diz a lenda que Ossain e seu companheiro e ajudante, Aroni, recolheram exemplares de todas as folhas da floresta e as guardaram em uma cabaça que deixaram pendurada em uma árvore. Os outros orixás ficaram curiosos e mandaram Iansã, a rainha dos ventos, enviar uma ventania para derrubar o recipiente. Ela então o fez, arrancando a cabaça e espalhando as folhas pelo chão. Cada orixá então teria se apoderado de uma ou outra. Contudo, apenas Ossain sabia a palavra, o encantamento de cada uma delas para ativá-las. Só Ossain possuía o "axé" de cada uma e, por isso, segue como o médico da floresta, curandeiro e feiticeiro das folhas.

*Tudo que é do mato tem mandinga*
*Tem mironga*
*Seja folha ou seja raiz*
*Às vezes cura, às vezes mata*
*É o que vovó sempre me diz*

*Guiné pra fazê figa*
*Erva pra resina,*
*Garrafada e muito chá*
*Vassourinha pra rezar cobreiro*
*Folhas pra descargas*
*Cataplasma e patuá\**

---

\* Nei Lopes e Wilson Moreira Serra, "Mironga do mato" (2003).

"Tudo que é do mato tem mandinga", cantou Alcione no samba de Nei Lopes e Wilson Moreira. Não é possível falar em ervas no Brasil sem resvalar em algum pedido pra santo, alguma oferenda, algum canto, um benzimento, um banho de cheiro, um descarrego. Cada ramo, cada galho, raiz, folha e fruto tem uma função medicinal e outra ligada ao rito, independentemente da religião, credo, etnia. Além daquelas que fazem parte do léxico de diferentes doutrinas, há ainda os cruzamentos de fronteira — a profanação contínua de ervas sagradas para uso em simpatias de toda a espécie.

> O brasileiro nasce com vocação para a rábula ou curandeiro; às vezes, as duas coisas ao mesmo tempo. O nosso caboclo, logo que abre os olhos para este mundo, ou se mete em tricas forenses, demandas que passam de pais a filhos e de filhos a netos, ou mergulha no mato à procura de ervas, cascas, raízes, cipós, frutos medicinais. Num país que é "um vasto hospital", a gente tem que nascer médico.*

Voltemos alguns passos na história e relembremos do Brasil colônia pós-expulsão dos jesuítas. Havia aqui os feiticeiros europeus condenados na Inquisição, toda a cultura indígena que sobreviveu nas frestas da invasão portuguesa, a cultura negra e suas folhas, curandeiros que chegavam e também resistiam bravamente entre os negros escravizados — e aliados a eles os boticários, barbeiros, charlatões, vendedores de elixires que levavam caixas de botica para cima e para baixo e até mesmo a Igreja católica — todos curavam com plantas. O ramo de folha passa de mão em mão, abençoando e curando em nome de san-

---

* Jósa Magalhães, *Medicina folclórica*. Fortaleza: Imprensa Universitária do Ceará, 1961. p. 49.

tos tão diferentes quanto essas gentes que por aqui fizeram morada. A falta de médicos é uma das explicações, mas não a única, já que essas crenças perduraram na nossa cultura mesmo quando a situação médica se desenvolveu. Somos um povo dado aos mistérios, às superstições, ao sobrenatural. Somos um povo mandingueiro.

> A verdade é que não existe nenhuma medicina popular que não esteja vinculada a um sistema de crença. No Brasil, há um sincretismo com as influências indígenas, europeias e negras, mas em todos os rituais de cura a reverência ao sagrado é a base, a chave mestra. Em se tratando de medicina popular no Brasil, o importante é procurar entendê-la sem puni-la ou discriminá-la. Calcada na espiritualidade, em seus diferentes matizes de religiosidade, é esta medicina que o povo elege, na qual as plantas medicinais são investidas do imponderável valor sacral.*

Para desgosto dos colonizadores, a mandinga sobreviveu, porque com ela se reitera a identidade, e dela se dá, se pede e se retira força para resistir. Obviamente os europeus não gostavam nem um pouco disso quando quiseram escravizar, catequizar, dizimar e aniquilar as culturas por aqui. Qualquer substância que fizesse com que os indígenas se sentissem indígenas, com que os negros se reconectassem às suas raízes e ancestralidade, era vista como "selvageria", e não tecnologia — a "mais avançada das mais avançadas", aliás. No olhar dos colonizadores, esses ritos eram considerados selvagens, perigosos: faziam o indígena desvirtuar do caminho da catequização cristã, os negros desvirtuarem de seus trabalhos. Rituais só os da missa,

---

* Maria Thereza Lemos de Arruda Camargo, *As plantas medicinais e o sagrado*. São Paulo: Ícone, 2017. p. 235.

em nome do Pai, do Filho e do Espírito Santo. Em nome dos xapiri, de Tupã, dos orixás, não. Então esses rituais indígenas, assim como os africanos trazidos pelos negros escravizados — o culto às árvores, ao vento, às águas —, eram proibidos. Mas resistiram, novamente, nas frestas.

A fé do brasileiro na mandinga e no poder das ervas também sobreviveu, se tornando um dos traços mais marcantes e definidores da nossa cultura. Podemos atribuir a essa crença a sobrevivência das garrafadas no cotidiano do Brasil, em suas mais diferentes facetas. E são muitas.

Permanece sua feição original, quando as garrafadas eram feitas com plantas nativas e usadas como remédio desde os jesuítas e mesmo depois, com a proliferação das receitas e a venda e prescrição dessas panaceias medicinais por todo tipo de boticário. Mas elas cruzaram as fronteiras da medicina para o sagrado e foram incorporadas a diversas manifestações — recomendadas em centros de umbanda, nos catimbós, entre benzedeiras e raizeiros que atribuem seu conhecimento sobre as receitas a uma espécie de dom divino. E ainda, capilarmente como raízes de uma árvore gigante, tomaram as vertentes da cultura popular e foram profanadas, sobrevivendo, perenes e mutantes.

Tem garrafada para engravidar, para reumatismo, diabetes. Tem receita que vem de raizeiro, de benzedeira, dono de bar, bruxa urbana, indígena, pai de santo, entidades e encantados, e daqueles que acreditam ser os enviados do céu. E tem muito médico que ainda receita garrafada, sem esconder sua eficácia profilática ou como tratamento. E quem bebe? Mais fácil perguntar quem não o faz. O consumo e a crença são generalizados, e não fazem distinção de classe social ou religião. Católico, umbandista, kardecista, evangélico, os povos do candomblé. A garrafada é suprarreligiosa, suprapartidária. É o suprassumo da nossa cultura popular. E está, nas frestas, por todo lugar. Na banca do mercado e no boteco da esquina; no carrinho improvisado do camelô e no consultório do doutô.

## RELATOS SELVAGENS EUROPEUS E OS FEITIÇOS DOS DEUSES DE PINDORAMA

Os colonizadores conseguiam compreender figuras religiosas como monges que preparavam panaceias medicinais com plantas colhidas nos jardins dos arredores de monastérios. Também achavam comum um médico cuidar das bebidas do imperador, como no caso de Galeno. Apesar disso, se recusaram em transpor esses conhecimentos quando atravessaram os mares para invadir as terras de Pindorama.

Enquanto a farmacobotânica europeia, que estudava os remédios criados a partir das plantas, estava em processo avançado de classificação, catalogação, formulação de remédios e diversas bibliografias — embora ainda incipiente e repleta de tentativas e erros que hoje seriam considerados escandalosos —, a etnofarmacobotânica, que adiciona o elemento popular e o conhecimento tradicional sobre o uso desses mesmos remédios, ainda era classificada como bruxaria, feitiçaria, e considerada inferior.

Em relatos dos primeiros naturalistas, o que se observa é ao mesmo tempo uma surpresa com a riqueza do conhecimento indígena sobre a flora e seus usos, e preconceito e descrença sobre os métodos e a eficácia de suas práticas. Tanto a empiria no uso das plantas era tida como selvagem em comparação com os estudos botânicos mais formais, como o aspecto mágico e místico atrelado a elas era considerado "inferior".

Um dos mais emblemáticos desse grupo de naturalistas que, ao tentar compreender e catalogar as complexas sociedades indígenas encontradas aqui, torceram o nariz para algumas das práticas foi Carl von Martius. O nome lembra muito o de outros homens que se julgavam mais sábios e acabaram na brasa, virando pratos da culinária carijó e tupinambá. Ele não teve a mesma sorte. Talvez porque os próprios indígenas não o tivessem considerado apto à ingestão, dado que apenas os corajosos e fortes tinham sua carne assada arrancada com os dentes e seus ossos devidamente lambidos.

Antes dele, outros se dedicaram a catalogar ervas já bem conhecidas dos indígenas, caso de Willem Pies, que teve seu nome aportuguesado para Guilherme Piso, autor de *De medicina brasiliense*. Lançado em 1648, o livro listou pela primeira vez 110 plantas nativas usadas como remédio pelos povos daqui. Dizem que a primeira edição tinha nada menos que quarenta centímetros de altura. Nada mau para um conhecimento apropriado por eles e considerado "selvagem", não é mesmo?

Martius, aliás, usou e abusou desse adjetivo em seu *Natureza, doenças, medicina e remédios dos indígenas brasileiros*, escrito em 1844, no qual seus relatos demonstram asco a algumas práticas dos indígenas, que eram considerados por ele "indolentes", "primitivos". Ao mesmo tempo, enumera quase uma centena de plantas míticas e medicamentos dos reinos vegetal e animal descobertos e usados pelos nativos, chamados por ele de "brasis". Nas mais de duzentas páginas de sua obra, Martius admite não ser capaz de identificar como os indígenas conheciam tanto sobre os poderes medicinais da mata, mas não reconhece essa sabedoria como virtude, e sim como atraso. Para ele, a aproximação empírica dos nativos era inferior à prática formal dos europeus, mais "evoluídos". A velha imposição da dicotomia civilização versus barbárie, tão representativa da nossa violenta colonização.

O peso de Von Martius para o discurso civilizatório europeu, no entanto, não parou na medicina e na botânica, mas se alastrou para um dos mitos fundadores mais eurocêntricos da nossa cultura. No mesmo ano em que lançou seu tratado sobre a medicina indígena, ele venceu um importante concurso promovido pela corte portuguesa através do Instituto Histórico e Geográfico Brasileiro. O edital, de 1843, pretendia escolher a melhor narrativa sobre a história do país, e o bávaro então caprichou no já bastante explícito título: *Como se deve escrever a história do Brasil*. Nessa dissertação, importunamente fundadora de uma vertente que se entendeu e se entende até hoje como esclarecedora da formação do povo brasileiro, Martius sugere que essa origem se deu a partir de três rios: o branco, o indígena e o negro. O mito das três raças, ali, pela mão do naturalista bávaro. E se engana quem ainda acredita que essa mescla seria homogênea, e que cada uma das contribuições teria sido avaliada da mesma forma. Em seu texto, Martius é categórico sobre a suposta superioridade branca:

> Disso necessariamente se segue que o português, que, como descobridor, conquistador e senhor, poderosamente influiu naquele desenvolvimento; o português, que deu as condições e garantias morais e físicas para um reino independente; que o português se apresenta como o mais poderoso e essencial motor. [...] Tanto os indígenas, como os negros, reagiram à raça predominante.*

Martius sugere, na sua metáfora fluvial, que o rio branco era não apenas mais caudaloso, mas o principal, tendo seus braços negros e indígenas como afluentes menores. Esses, por sua

---

* Carl Friedrich Philipp von Martius, "Como se deve escrever a história do Brasil". *Revista Trimestral de Historia e Geographia*, Rio de Janeiro, n. 24, 1844. pp. 381-403.

vez, se submeteriam às águas do eurocentrismo civilizatório, abrindo mão de suas identidades, ou seriam aniquilados. E o mito das três raças guiou o projeto de assimilação ou aniquilamento promovido pelos portugueses ao longo do processo de colonização. A aniquilação foi também material, e não apenas simbólica: sabemos que milhões de indígenas foram mortos neste país, e mais centenas de milhares de negros. As culturas desses povos, no entanto, sobreviveram nas frestas do sistema, resistentes.

## 9. A cuia

Vá contra as recomendações jesuítas, católicas, apostólicas, romanas que tanto fizeram para afastar nossas identidades, prevenir nossas mandingas e arruinar nossos encontros. Seja marginal, honre os povos originários, seja subversivo, seja herói, com ou sem caráter: dê o gole, faça o rito, use as plantas. E, agora, olhe para suas mãos. Você segura uma cuia de coco e senta numa sala de chão batido, com os joelhos cruzados, em frente a uma mulher sentada da mesma forma e vestida com roupa branca. Ela tem na cabeça um cocar de penas coloridas em listras vermelhas, amarelas, verdes. É um lugar fechado, você vê um altar, algumas pessoas se ajoelham ou deitam-se em frente às imagens de indígenas com e sem flechas, pretos velhos segurando cachimbos, sentados em troncos, ciganas, mulheres de mantos azuis que parecem submergir do mar, encantadas. Em uma placa colocada em cima do altar você lê: "Terreiro de Umbanda Caboclo 7 Flechas". O barulho é intenso e sincopado, são três atabaques, e você ouve um canto:

*Ô Juremê, Ó Juremá*
*suas folhas caiu serena, Jurema*
*dentro desse congá*
*Salve o Sol e salve a Lua*
*Salve são Sebastião*
*Salve são Jorge Guerreiro que nos deu a proteção*
*Ó Jurema*

A entidade à sua frente tem expressão séria e está mexendo em um ramo de ervas enquanto olha para baixo e fuma um cachimbo. Ela tem um maracá ao lado e estendeu a cuia para você dizendo: "A cabocla quer que ocê beba isso aqui. É bebida de erva da mata, pra proteção". E enquanto você está ali, ela retira um ramo de arruda e encosta na sua testa, depois passa nos seus braços, nas costas, em movimentos precisos de limpeza, usando o ramo como uma espécie de vassoura, retirando do seu corpo impurezas. "Cabocla tá fazendo descarrego, as erva vão levar tudo embora." Ela para atrás de você, emite uma espécie de grito de guerra: "Êêêêê! Okê, Arô".* Volta para sua frente. "Agora pode beber da bebida da cabocla Jupira, feita com erva e raiz de pau", ela diz, se apresentando. Depois do seu gole, ela se despede com um cumprimento: segura a sua mão direita na esquerda dela, e bate o ombro esquerdo contra o seu direito, e vice-versa. Okê, cabocla.

A cabocla Jupira, filha de Jurema e do caboclo Sete-Flechas, é uma das entidades da umbanda — outro cruzo brasileiro que uniu indígena, negro, branco. A Jurema não é só cabocla, aliás. É o nome de uma árvore, igualmente sagrada, cujas raízes são usadas em rituais desde os tempos dos indígenas. Quer ver? Olhe para o lado.

---

* Saudação típica dos caboclos da linha de Oxóssi na umbanda.

## Ó JUREMÊ, Ó JUREMÁ

Você está na floresta. Um indígena de pele pergaminhada alcança seu cachimbo. Os grilos ensurdecem com sua sinfonia enquanto o barulho da chuva caindo na mata se mistura ao ruído da corredeira do rio ao lado. A sonoridade começa a mudar com o lusco-fusco. Os maracás soam ainda tímidos, sendo levados de um lado para o outro. Vultos de indígenas com saiotes feitos de palha ou folhas se confundem com a fumaça do fogo. No chão, três cuias de tinta: a branca vem da argila, a vermelha do urucum e a preta do jenipapo — elas servirão para pintar e ritualizar o corpo. A fogueira está acesa, e ao lado dela estão dispostas três vasilhas de cerâmica com um líquido denso e escuro: cascas de jurema, vinho, mel e outras ervas que foram maceradas e serão bebidas como instrumento de conexão com o sagrado, com os antepassados e com as raízes. A cerimônia acontece em local sagrado, ou "limpo". Estamos em Porto Real do Colégio, em Alagoas, junto com os Kariri-Xocó, um grupo indígena que se formou a partir da fusão dos Kariri e os Xocó, que tiveram suas aldeias extintas pelos portugueses. Entre esses indígenas, a fumaça do cachimbo também é cura, bênção e proteção, e as baforadas são mágicas. Queimam dentro dele ervas da mata da caatinga, onde estamos. O cachimbo é colocado na boca e soprado ao contrário, com a forquilha dentro da boca, para sorver melhor o poder mágico da floresta.

O ritual se faz em torno da bebida e por causa dela — ponte entre o chão da terra e o mundo sobrenatural. São raízes, cascas e frutos de plantas que, bebidas aos goles, fazem voar a mente e aterram culturas. Quebram barreiras entre passado, presente e futuro. Jurema pronta, fogueira e cachimbo acesos, começa o ritual secreto do Ouricuri, que durará quinze dias. No ápice da cerimônia, a cuia da jurema é passada de mão em mão. Apenas aqueles considerados "parentes" pelos indígenas podem ingerir a bebida sagrada, e respeitamos. Estamos aqui para falar da história da própria árvore — símbolo da resistência cultural e de seus amálgamas, jurema típica do agreste, da caatinga. O vinho da jurema-preta, *Mimosa hostilis*, tem sabor terroso, tânico, causado pelas entrecascas da planta, adocicado pelo mel e herbáceo — quase lembra um vermute mais terroso e doce. Mas atenção: não usaremos suas cascas em coquetéis, pois não devem ser consumidas fora dos rituais, que ocorrem em tribos diversas desde antes da chegada dos portugueses. O preparo não apenas é sacralizado — e respeitamos essas tradições — como requer cuidados: a planta tem componentes tóxicos e é preciso saber prepará-la.

CATIMBÓS

Olhe novamente para a cuia. Você já não está na floresta, mas numa cabana construída com palha de coqueiro e chão de terra batida. As maracas e outros instrumentos sagrados são sacudidos e cantos, entoados. Há homens e mulheres vestindo branco, com um lenço vermelho que envolve parte das costas e dos ombros e é amarrado com um nó logo abaixo do pescoço. Eles cantam: "Eu sou caboclinho,/ Eu visto só pena,/ Eu só vim em terra/ Para beber jurema!".* Há uma mesa com algumas imagens e velas acesas. Uma bacia de louça com uma bebida parecida com a que você segura nas mãos. Alguém de repente entoa: "Mestra Maria acostou"! Estamos em Alhandra (PB), na casa de vó Maroca, sacerdotisa catimbozeira conhecida por aqui. Ela cura com a fumaça do cachimbo fumado no contra-

* Luís da Câmara Cascudo, *Meleagro: Pesquisa do catimbó e notas da magia branca no Brasil*. 2. ed. Rio de Janeiro: Agir, 1978. p. 29.

pelo, na contramão, e também com o vinho da jurema. Já não estamos mais em território indígena, mas nesse terreiro do cruzo entre o feitiço europeu, a ritualística negra e as cerimônias indígenas. O catimbó não é religião, mas rito, fruto do cruzo, na linha do tempo da jurema. A cuia chega novamente na sua mão. Beba. O gosto é diferente: aqui o preparo é feito com aguardente, mais forte. O vinho e o mel também estão presentes, mas você sente um gosto de canela, de gengibre, manacá, dandá. O vinho da jurema mudou, mas ela permanece, seguindo muitos outros aspectos da cultura popular, que funciona melhor quando mantida viva no dia a dia, sendo invocada ao presente, e não apenas uma lembrança remota de um passado no qual ela existiu, mas acabou.*

## BANHO DE ERVAS

Volte ao terreiro. Ao lado da cabocla Jupira, observe mais uma entidade de ramo na mão e que guarda ainda um gole poderoso de história. Vê aquela preta velha sentada ali, no tronco, mexendo na bacia de ervas, de colar de miçanga no pescoço, lenço branco na cabeça, saia branca rodada arrastando no

---

* "A diluição étnica do indígena, na segunda metade do século XVIII, depois da expulsão dos jesuítas e dispersão da indiada que se reunira nas aldeias, espalhou também o indígena, o caboclo 'velhinho-velhinho', prestigiando as puçangas, filtros, mezinhas do mato, preparadas com fórmulas de mistério, fonte das 'garrafadas', 'remédios de caboclo', 'coisa do tempo antigo', de assombrosa simpatia popular. O 'caboclo velho' e o 'negro velho'. Pai Angola, Velho da Guiné, são os lados de um ângulo cujo vértice é o 'mestre' do Catimbó. No negro havia a magia branca e no caboclo a contaminação foi imediata e contínua." (Luís da Câmara Cascudo, *Meleagro: Pesquisa do catimbó e notas da magia branca no Brasil*. 2. ed. Rio de Janeiro: Agir, 1978. p. 91).

chão? Ela segura uma vela acesa entre os dedos do pé. Vá lá sentar no tronco em frente dela. A música muda. "Lá vem vovó, descendo a ladeira com sua sacola,/ Ela tem rosário, ela tem patuá, ela vem de Angola." Ela veste uma blusa branca de ombro a ombro, deixando o colo e as rugas à mostra. Você senta. No espaço entre vocês, um alguidar de barro com água e algumas ervas: ramos de arruda, guiné, alecrim. Ela segura um charuto, dá baforadas. "Veio ver a vó, né misifia? Vem que a vó vai benzê voismecê de tudo as coisa ruim." Ela cata um raminho de guiné, molha na água do alguidar e vai respingando o raminho ao redor do seu corpo, enquanto segura um charuto aceso no canto da boca. Um passe de mágica. "A vó quer que mecê faz banho de erva quando chegar na casa de suncê. Vai catá rosa branca, alecrim, guiné, manjericão. Macera tudinho assim, com a mão na água", ela mostra como fazer para quinar as ervas, esfregando uma contra a outra no alguidar. "Aí a fia joga no corpo e vai dormi. É pra protegê a fia", ela diz. Pronto. E antes de se despedir, ela pede: "Dá um abraço na vó". Você a envolve com os braços, aperta forte. Ela tem cheiro de charuto e alfazema. O abraço tem o poder de um passe de mágica.

### BANHO DA VÓ CATARINA DE ANGOLA
*Receita recolhida em terreiro em São Paulo*

---

1 punhado   guiné fresco
1 punhado   manjericão fresco
1 punhado   alecrim fresco
    2   rosas brancas

> Quinar as folhas com as mãos na água fria, deixar por cerca de 3 horas e despejar no corpo.

## A BENÇA

Se você nasceu no Brasil, essa não deve ter sido a primeira vez que te benzem com galho de arruda ou de guiné. Quem nunca foi a uma benzedeira para curar mau-olhado, ziquizira, urucubaca, quebranto? Para sarar cobreiro, pra ajudar criança a começar a falar, bebê a parar de ter cólica? Ou ainda males tão vocabulares quanto papeira, espinhela caída, bucho virado, mal de sete dias? Quase todo mundo conhece uma senhora que atende em casa de ramo na mão, faz uma reza poderosa, e dizem que já curou muita gente. Guardiãs dessas sabenças, elas mantêm as tradições vivas, e não raro, além de benzer, ainda fazem xaropes, indicam chás e banhos de ervas e têm em seus jardins e quintais toda a magia de que precisam para suas benzeduras: alecrim, arruda, guiné, milome, guaco. E, ao se aproximarem de você, ramo na mão, falam baixinho, em feitio de rito e oração, lábios que quase não se abrem:

Deus te viu, Deus te criou, Deus te livre de quem para ti com mal olhou.

Em nome do Pai, do Filho e do Espírito Santo, a Virgem do pranto, quebrai esse encanto. Eu te benzo pelo nome que te puseram na pia, em nome de Deus e da Virgem Maria. Deus que te acuda nas tuas necessidades. Se teu mal é quebranto, mal invejado, olhos atravessados ou qualquer outra enfermidade. Se estiveres com quebranto, mau-olhado, feitiçaria e bruxaria, que em nome de Deus e da Virgem Maria, seja levado para as ondas do mar sagrado e lá desapareça.

Muitas encerram o ritual colocando o ramo de ponta--cabeça dentro da terra novamente. Outras jogam fora ou queimam. Não importa. "O ramo tira", dizem elas. E tira lá o que for. Só não pode nos arrancar a cultura e esses saberes tão tradicionais. Mas eles minguam.

Durante a pesquisa sobre garrafadas e seus ingredientes, fui em busca de muitas benzedeiras em quase todas as cidades brasileiras que visitei nos últimos seis anos. Eu já estava ciente de que muitos dos ingredientes que queria pesquisar não seriam encontrados como temperos em feiras livres ou nas cozinhas do interior do Brasil. Mas estariam sendo usados como remédios populares, e as benzedeiras são guardiãs valiosas dessas sabenças. Entretanto, a cada visita eu encontrava as senhoras cada vez mais desconfiadas. "Você é evangélica?", elas me perguntavam. Explicava que não, que estava fazendo uma pesquisa, e queria ser benzida também, se possível. Muitas me respondiam que não benziam mais, e a maioria dizia ser em razão da falta de procura ou perseguição. Como se manter essas tradições fosse uma espécie de bruxaria e a perseguição, uma versão 2.0 da antiga Inquisição.

Na casa de quase todas essas mulheres, além de acolhimento, eu encontrei quintais repletos de ervas medicinais com as quais benziam e faziam remédios em forma de chá e xarope. Em Florianópolis, macela. Na ilha do Combu, erva-chama. Em Manaus, mastruz. No interior de São Paulo, carqueja. Em quase todas elas, boldo e arruda. As folhas infalíveis para curar povoam nosso imaginário e fazem parte da nossa cultura. Embora tão familiares, conhecemos e exploramos muito pouco o sabor desses potenciais ingredientes. O boldo, sem dúvida nenhuma, é um deles. Do jardim das casas das nossas avós benzedeiras para as nossas xícaras de chá, há sempre um pé de boldo "para o dia que o estômago não acorda muito bonzinho", né fia? A bença, vó.*

---

\* Sobre benzedeiras, recomendo a leitura do livro *A ciência da benzedura: Mau-olhado, simpatias e uma pitada de psicanálise,*, de Alberto M. Quintana (Bauru: Edusc, 1998), e os documentários *Benzedeiras, ofício tradicional*, de Lia Marchi, e *O ramo*, disponíveis na internet. E, ainda, recomendo conhecer o projeto As Benzedeiras da Ilha, realizado por antropólogas em Florianópolis, Santa Catarina, que mapeia rezadoras da região.

## BOLDO

**Nome científico:** *Plectranthus barbatus*
**Família:** Angiospermae/ Lamiaceae
**Aparência:** planta herbácea ou subarbustiva, ereta e pouco ramificada. Flores azuis, com folhas pilosas
**Incidência:** perene no Brasil e originária da Índia
**Perfil de aromas e sabores:** amarga, herbácea, levemente mentolada

*Dica da bartender*

- Em todas as minhas experimentações com o boldo, gosto dele infusionado com destilados e bebidas vínicas: grappa, pisco, singani, vermutes. Acho que ele funciona melhor nos coquetéis mais secos e adstringentes, mas também tem um bom desempenho nos cítricos e refrescantes, que ganham muito com o amargor herbáceo. O boldo também é excelente para compor garrafadas, bitters, vermutes e amaros.

Muitas plantas são denominadas boldo no Brasil, mas escolhi trabalhar com o chamado boldo-de-jardim ou boldo brasileiro, o mais amplamente encontrado por aqui, de folhas peludinhas. O verdadeiro boldo é o *Peumus boldus*, que conhecemos como boldo-do-chile, geralmente usado para chás com as folhas secas.

Um dos nomes populares do boldo é "tapete de Oxalá". Isso se deve à textura de suas folhas, peludinhas, gostosas de acariciar, que lembram um tapete aconchegante. Além disso, no uso ritualístico é uma erva que vibra na força dos orixás Oxalá e Oxum, conhecida por ser um fortalecedor da mediunidade, de ligação com o espiritual.

Por isso, não faça cara feia. Eu consigo até ver o rosto todo retorcido e o nariz franzido quando a maioria dos leitores vê boldo em uma receita. Acredite, vi muitas expressões como essas quando coloquei a planta em um cardápio de drinques pela primeira vez. A gente parece se lembrar dela somente quando já bebeu muitos coquetéis, na tentativa de recuperar o corpo e curar a ressaca no dia seguinte. As folhinhas, peludinhas, são um bálsamo para o estômago, usadas em dias de mal-estar gástrico e como estimulante da digestão. Muitas de nossas avós faziam questão de ter um pezinho no quintal para tratar as dores de barriga.

Dê uma nova chance para o boldo, juro que a ervinha merece. Em vez de experimentá-la apenas no dia em que você mesmo está meio azedo, prove nos dias em que quer algo refrescante, amarguinho, delicioso. E experimente dar uma volta pelos quarteirões perto da sua casa — você deve encontrar alguns pés de boldo pelo caminho, nascendo espontaneamente, vigorosos nos canteiros, mesmo nas grandes cidades como São Paulo. Tenho um álbum de fotos no meu celular chamado "No meio do caminho tinha um boldo", e coleciono imagens de pés de boldo que nascem nos lugares mais áridos e improváveis. Gosto de pensar que são resilientes e teimosos, esses arbustos. Teimam em nascer onde não deveriam, nas condições mais precárias, e brotam lindos e viçosos, à nossa revelia.

Decerto é para provar que eles são necessários, apesar do nosso descaso. Que estarão ali por perto sempre que precisarmos. Eu decidi ter o meu próprio pé em casa, para lembrar que com algumas coisas que nossas avós mantinham tão próximas delas a gente deve fazer o mesmo.

## BOLDO BÃO
*por Néli Pereira*

---

Um áudio viralizou na internet por volta de 2020, no qual um homem manda uma mensagem de voz para um tal Marquinho, e diz: "Que boldo bão, Marquinho. Esse é o boldo bão. Pqp, Marquinho! Que boldo bão!". Não sabemos de que boldo assim tão extraordinário ele estava falando, ou mesmo se confundiu o tal *Plectranthus barbatus* com outra erva poderosa. O fato é que me inspirei no meme para oferecer uma alternativa a quem quer tomar boldo, mas não suporta o sabor do chá.

|  |  |
|---|---|
| 3 | folhas grandes de boldo |
| 50 ml | limão-taiti |
| 100 ml | água com gás |

Junte o boldo e o limão em um copo baixo e macere. Complete o copo com gelo e despeje a água com gás. Decore com uma folha de boldo e tome de jarra se precisar. É refrescante, amarguinho e desce superbem em dias de calor. E de ressaca.

## TAPETE DE VÓ
*por Néli Pereira*

---

|  |  |
|---|---|
| 3 | folhas grandes de boldo |
| 50 ml | grappa |
| 10 ml | xarope de mel (ver p. 33) |
| 10 ml | vermute seco |

Bata todos os ingredientes em uma coqueteleira com gelo. Coe e sirva em uma taça pequena com uma pedra de gelo.

## GARRAFADA DE BOLDO

Misture algumas folhas frescas de boldo, hortelã, mastruz, camomila, jasmim, erva-doce e alcaçuz e deixe macerando no gim por 15 dias. Coe a mistura. O resultado é um gim ainda mais perfumado, levemente amargo, anisado e floral. Pode ser bebido puro ou usado em coquetéis como o gim-tônica.

*Para não deixar os chilenos de fora...*

No caso do boldo-do-chile, a melhor versão dele com que já trabalhei foi infusionando algumas folhas secas ao vinho do Porto branco. Dá para tomar puro ou fazer um belo Portonic. Segue a receita:

| | |
|---:|---|
| boldo-do-chile seco | 20 g |
| vinho do Porto branco | 200 ml |

Coloque os ingredientes em um pote hermético previamente higienizado e feche a tampa. Deixe a maceração ao abrigo da luz e do calor por 72 horas, mexendo o pote diariamente. Coe a mistura. Engarrafe e identifique. Mantenha refrigerado. Validade de 30 dias.

# 10. Mensagem na garrafa(da)

Foi debaixo de um sol escaldante de dezembro de 2016, com pé na areia e protegido sob uma cabana feita de palha, a poucos metros da beira do mar de Peruíbe, no litoral sul de São Paulo, que o pajé Pitotó iniciou a vivência sobre as garrafadas indígenas com algumas frases em tupi, falando fluentemente. Éramos um grupo diverso de vinte pessoas que estavam na aldeia Awa Porungawa Dju para uma imersão de três dias sobre fitoterapia indígena. Eu já pesquisava sobre o uso tradicional de vários ingredientes da flora brasileira que incluía nos coquetéis, mas não tinha ainda estudado in loco, com os povos que primeiro desenvolveram esses saberes. Enquanto Pitotó falava, nos olhamos como quem não entende nada. E não entendíamos, de fato. A língua tupi, embora originária da nossa terra, não é conhecida de muitos de nós. Por isso, embora Pitotó tivesse tentado, não compreendemos as boas-vindas e o puxão de orelha que nos dava. Nem sequer sabíamos que o tupi é a matriz de muitas das palavras que dizemos: cipó, caiçara, mandioca, e tantas outras heranças linguísticas com as quais esbarramos no cotidiano.

Pitotó falava de um dos cantos da cabana, onde nos amontoávamos em cima de cangas improvisadas para ouvi-lo. Ele estava rodeado de cascas, ervas, plantas e raízes que manejava com destreza, mencionando seu nome científico, em tupi e em português, e seus usos tradicionais na aldeia, onde moram cerca de cem indígenas numa área de mata improvável no já bastante urbanizado litoral paulista, que abriga outros noventa agrupamentos, todos tupis.

Nos dias que se seguiram, Pitotó nos mostrou, no entanto, que também éramos analfabetos em muitos outros vocabulários além do tupi: não conseguíamos identificar espécies de plantas e frutos no meio da Mata Atlântica. Tampouco tínhamos conhecimento do que fazer com cada um dos gravetos, cascas, raízes e ervas em que íamos, distraídos, pisando pelo caminho da floresta, ou do que restava dela, ainda preservada graças à batalha pela demarcação da terra indígena — a menos de cem quilômetros da metrópole da Pauliceia.

A raiz tupi é um excelente exemplo da nossa desconexão com as origens brasileiras indígenas e sua arte, tecnologia, sabores e conhecimento. Há entre nós um elo perdido, desfeito propositalmente pela violenta colonização portuguesa que primeiro tentou escravizar e depois catequizar os indígenas, antes de começar a exterminá-los literal e culturalmente, impondo a qualquer custo o projeto eurocêntrico que nos rodeia até hoje. É o sucesso parcial desse mesmo projeto o responsável pelo analfabetismo cultural sobre as raízes indígenas, caboclas, caipiras, africanas e sertanejas do nosso modo de vida e pela impressão comum, quando as reconhecemos, de que são inferiores às estrangeiras. É esse olhar vira-lata que exemplifica tão bem nossa mesa e nosso copo no Brasil. Gracejamos sobre frutas importadas com certa facilidade: o sabor do grapefruit, o ponto do mirtilo. Mas sequer saberíamos identificar cajás, araçás, tucumãs, aroeiras e uvaias que caem sobre nossas cabeças até nas grandes cidades brasileiras.

No nosso primeiro encontro, depois de nos dar uma introdução sobre as plantas que conheceríamos e aprenderíamos a usar nos dias seguintes, Pitotó nos convidou para um passeio pela mata. Caminhamos uns trinta metros de onde estávamos, no centro da aldeia, e entramos por uma abertura na floresta, evidenciada pela terra compactada por muitos pés que já haviam passado por ali. Era uma área pequena, porém diversa, que iniciava com uma trilha rasteira até chegar numa região de mata mais fechada, mas ainda de fácil acesso e sem obstáculos. Logo na entrada, a primeira lição: pegar um pedacinho de uma folha qualquer, parti-lo com as mãos e passá-lo no corpo desajeitadamente, pedindo por proteção. Ele nos mostrou como fazer, e explicou que essa era a forma também de pedir licença, e de ficarmos com cheiros mais parecidos com aqueles das plantas.

Lá fomos nós, uma metade de céticos e a outra metade já encantada com a reconexão, tentando nos mimetizar com a mata e jogando folhinhas mil ao vento, meio turistas, meio aprendizes. Eu me senti estranha demais naquele contexto, como se fizesse parte de um grupo de turistas gringos deslumbrados prestes a adentrar uma espécie de parque de diversões exótico. Eu estava desconfortável, ciente do abismo histórico da relação entre nós, brancos, e a natureza, em oposição ao explícito conforto e familiaridade dos indígenas com a mata, respeitando-a intrinsecamente. Mas todos tentavam se encaixar, mimetizar, e soava muito falso que a gente, com papetes, pochetes e poses, adentrasse a mata que os indígenas, descalços, pisavam, sacralizavam e conheciam tão bem. Eu estava no meio-termo, tenho que admitir, mais interessada em sorver pelos poros todo o conhecimento e tão curiosa quanto pasma pela constatação descarada do elo perdido entre eles e nós. Pela violência dessa perda, esse abismo, a herança arrancada de nós pela história.

Já no começo da trilha, uma vegetação rasteira de hastes compridas com pequenas florezinhas beirava o caminho de areia, e a gente ia pisando nela sem perceber. Até Pitotó nos chamar a atenção: "Esse mato aí que acompanha a beirada da trilha, alguém conhece?". Todos ficaram mudos. "Parece mato, mas é carqueja", disse ele. "Amaaarga, muito usada nas nossas garrafadas."

Muito prazer, *Baccharis trimera*.

## CARQUEJA

**Nome científico:** *Baccharis trimera*
**Família:** Angiospermae/ Asteraceae
**Aparência:** subarbusto perene com caules alados e ramos verdes de expansão trialada, de 50 cm a 80 cm de altura
**Incidência:** perene, nativa do Sul e Sudeste do Brasil
**Perfil de aromas e sabores:** adstringente, herbácea, áspera, retrogosto amargo e persistente

*Dica da bartender*

- Das dezenas de infusões que já preparei com carqueja, a de saquê é a de que mais gosto, mas ela também se sai bem nas cachaças mais vegetais e nos destilados brancos como gim e vodca.

Falar de carqueja é estender tapete vermelho e manto real, entrar na realeza das plantas medicinais e reverenciar a "rainha das garrafadas". Ela é implacável: o amargor é das sensações mais potentes que o paladar é capaz de experimentar — inesquecível e persistente. Por isso mesmo, foram as propriedades medicinais hepatoprotetoras e digestivas, descobertas pelos indígenas e mais tarde transmitidas aos naturalistas estrangeiros, que fizeram a fama da carqueja no Brasil e no mundo. Sim, a celebridade é internacional.

Originária do Sul e do Sudeste do país, ela nasce por todo canto — de beiras de estradas a terrenos áridos e arenosos. Tem uma aparência de alga marinha ou de um cacto fino, como um mandacaru magro. Uma vez que você a reconheça, nunca mais a perde de vista. É assim com todas as coisas que são nossas: estão por toda a parte, basta saber identificar. Um salve à carqueja que nos lembra que de doce, basta a vida.

## CARQUEJA SPRITZ
*por Néli Pereira*

---

Esse foi o primeiro coquetel que criei com a carqueja. Sabia que as pessoas iam torcer o nariz para o amargor, então decidi adicioná-la em um drinque inspirado em outro bem popular: o Aperol Spritz. O dulçor do Aperol quebra bem o amargor da carqueja sem camuflá-lo, e o resultado é um coquetel equilibrado e refrescante.

| | |
|---:|---:|
| vermute seco infusionado com carqueja | 70 ml |
| Aperol | 20 ml |
| água com gás ou club soda | 50 ml |

Misture com cuidado todos os ingredientes em uma taça com gelo. Sirva com um ramo de carqueja seco.

### Para o vermute infusionado

Coloque 200 ml de vermute seco em um pote de conserva hermético e previamente higienizado e adicione 10 g de carqueja seca ou 20 g de carqueja fresca. Deixe macerando por 4 dias. Coe a mistura. Engarrafe. Validade indeterminada.

## SEGUE O SECO
*por Néli Pereira*

---

O uso da carqueja aqui é o de que mais gosto: dar uma camada amarga aos coquetéis mais secos. O defumado do mezcal ajuda no paladar e transforma um drinque simples em algo mais complexo, com muitas camadas de sabor.

| | |
|---|---|
| 20 ml | mezcal |
| 20 ml | infusão de carqueja em saquê |
| 20 ml | vermute bianco ou Lillet blanc |

Mexa com cuidado os ingredientes em um mixing glass com gelo. Coe e sirva em uma taça coupé previamente gelada. Decore com um ramo de carqueja seco.

### Para o saquê infusionado

Coloque um ramo de carqueja dentro de uma garrafa de saquê de 750 ml e deixe curtindo por pelo menos 10 dias. Caso use a carqueja seca, ⅕ da garrafa geralmente é uma boa proporção. Deixe curtindo pelo mesmo período de tempo, experimentando sempre para ajustar. O amargor é intenso, por isso recomendo a mistura com outros ingredientes nos coquetéis.

## GARRAFADA DE CARQUEJA

A bebida é amarguinha, bem herbácea e um pouco floral. Serve para beber sozinha ou pode ser usada em coquetéis. Sem fins medicinais, claro.

| | |
|---:|:---|
| carqueja fresca | 20 g |
| (ou 10 g de carqueja seca) | |
| flores secas de madressilva | 10 g |
| macela | 5 g |
| jasmim | 5 g |
| hortelã fresca ou seca | 10 g |
| cachaça branca ou vodca | 500 ml |
| xarope de mel | 100 ml |

Em um pote de conserva hermético e previamente higienizado, coloque os ingredientes. Deixe macerando por 7 dias. Coe a mistura. Engarrafe. Validade indeterminada.

Foi na aldeia, naquele comecinho de trilha com Pitotó, a primeira das muitas vezes que ouvi falar, mexi, remexi e fotografei a tal da carqueja. Depois dessa, nunca mais a perdi de vista nas beiras de estrada, terrenos baldios e nas trilhas, selvagens ou urbanas. Ela também nunca mais sairia dos meus coquetéis. Na tribo, a carqueja era usada para uma infinidade de males do corpo: diabetes, vermes, anemia, nos explicou ainda o pajé, enquanto seguíamos. Continuamos andando e foram inúmeras as espécies pelo caminho: tanchagem, cavalinha, caninha-do-brejo, cipó-imbé, caraguatá, pariparoba. Fizemos uma pausa quando finalmente observamos um arbusto de médio porte ramificado, aromático, com flores brancas em ramos e frutos vermelhos: a erva-baleeira (*Varronia verbenacea*). O cacique nos disse que se tratava de um dos mais poderosos remédios para dores e inflamações musculares quando aplicada direto na pele, como emplastro.

Funciona tanto que um grande laboratório da indústria farmacêutica brasileira patenteou este princípio ativo e garantiu na Agência Nacional de Vigilância Sanitária (Anvisa), o registro do primeiro medicamento fitoterápico 100% nacional usado para tendinites crônicas. Um dos milhares de casos no mundo todo em que os remédios indígenas são apropriados pela indústria — a mesma que teima em desacreditar os tratamentos naturais e não raro os classifica como "perigosos", ou "sem bases científicas", coisa de indígena, ultrapassada. Ressoa a perseguição dos portugueses à medicina dos povos originários — enquanto criticavam preconceituosamente, também tentavam assimilar e se apropriar de todo o conhecimento. Essa tecnologia indígena há tempos tachada de "inferior" hoje serve de resposta para tantos males que causamos na natureza, justamente por não a utilizar de forma mais ampla e generosa.

### EMPLASTRO DE ERVA-BALEEIRA

Faça um chá das folhas da planta — para uma xícara de água, use uma colher de sopa da erva seca. Molhe um pano ou algodão com a infusão e aplique diretamente sobre a região da dor muscular.

Durante o passeio, Pitotó nos introjetava um novo dicionário. Ele ia fazendo com que percebêssemos nuances no acumulado de tons de verde, que identificássemos folhas ora dentadas, ora peludinhas, espinhos que curam, seivas que são bálsamos. As primeiras sílabas desse alfabeto das ervas medicinais iam se formando na cabeça por associação: onde a carqueja cresce? Que formato tem? Que cheiro? Era um novo bê-á-bá.

De volta à tenda, Pitotó se uniu a outros três membros da aldeia: pajé Guaíra e caciques Catarina e Dhevan Kawin, o mais novo entre eles. Pitotó acendeu seu longo cachimbo de madeira entalhado à mão e colocou algumas ervas secas para queimar. E começou a nos contar sobre as garrafadas e as defumações.

Como já vimos, as garrafadas são remédios populares que misturam plantas, cascas, sementes e raízes, em alguns casos até elementos minerais e animais, em uma garrafa de vidro ou de plástico, na qual é adicionado álcool como veículo para extrair o princípio ativo dos ingredientes — cachaça ou vinho branco são os mais comuns. Tão múltipla quanto quem as prepara — raizeiras, benzedeiras, indígenas, caboclos, curandeiros —, a garrafada é mais uma técnica, uma forma de fazer, do que uma receita. A combinação de ingredientes varia de acordo com o autor da panaceia e com os males que ela pretende curar: problemas de virilidade, indigestão, dificuldade para engravidar, problemas cardíacos, respiratórios, reumatismo, diabetes etc.

Catarina é uma especialista em garrafadas para saúde das mulheres e ensina misturas de ervas que, juntas e tomadas aos poucos todos os dias, seriam capazes de curar inflamações nos ovários, corrimentos, cólicas, entre outras doenças. O pajé Guarani fala das inúmeras misturas possíveis para o tratamento da bronquite, dos ossos, e por aí vai. Nenhum deles nos oferece uma receita específica: 100 g disso, 200 ml daquilo, guarde por "x" dias e está pronta. Eles tentam nos ensinar antes sobre os ingredientes, para que possamos criar nossas próprias combinações. Intuitivamente? Talvez. No caso deles, esses conhecimentos são empíricos, mas também transmitidos oralmente entre as gerações. Dhevan, o mais novo, ajuda os mais velhos nos ensinamentos e parece aprender tanto quanto a gente com essas conversas — há uma preocupação de que todo esse conhecimento não se perca.

Quando mais tarde vamos para a oca onde funciona a escola da aldeia para continuar nossa iniciação a esses saberes, me chamam a atenção as folhas de papel desenhadas com giz de cera e pregadas nas vigas. Elas trazem desenhos de bonecos, objetos e plantas e seu nome em tupi — um sinal de que alfabetizar as crianças na língua de seus antepassados é tarefa essencial em meio aos postinhos de saúde que atendem os indígenas com alopatias diversas e às escolas públicas que alfabetizam as crianças da aldeia e lhes ensinam a versão muitíssimo parcial da "história do Brasil" dos livros didáticos. Manter uma cultura é, acima de tudo, um ato diário de trabalho e resistência. As garrafadas são mais um exemplo disso, elas contêm e carregam recados e mensagens, saberes e sabores.

Na aldeia, Pitotó é o único que prepara as garrafadas para vender. O produto vem numa garrafa de vidro e, dentro dela, pequenas raízes de marrons diversos, lascas do que parecem ser madeiras claras, ramos secos em rica gradação de esverdeados, pós terrosos e galhos finos. Pergunto por que ele não vende a garrafada com o líquido dentro, apenas a combinação de plantas, e ele responde: "Aí a pessoa bota o que quer, né? A gente fazia com cachaça, mas muito evangélico não toma pinga, aí eu deixo por conta do freguês". No rótulo, impresso e colado na garrafa, os ingredientes detalhados, a forma de uso e o número do celular do pajé, conforme reproduzo abaixo:

## MISTURA DE ERVAS E PLANTAS MEDICINAIS

*Composição:* cajueiro, pau tentente, barbatimão, catuaba, marapuama, nó-de-cachorro, pau-de-resposta, guaraná, ginseng, maca-peruana, tríbulos terrestre, boldo-do-chile, espinheira-santa, carobinha, malva, unha-de-gato, uxi amarelo, picão, cavalinha, quina, emburana, sucupira, porangaba, canela-de-velho, melão-de-são-caetano.

*Modo de usar:* encher a garrafa com água mineral e deixar curtir de um dia para outro (24 horas). Tomar meio copo 3x ao dia. Quando chegar no meio da garrafa, completar novamente com água mais duas vezes.

*Indicações:* tratamento do fígado, baço, rins, intestino, diabetes, gastrite, fraquezas em geral, anemia, inflamação na próstata, útero e ovário, fraqueza sexual, vermes e lombrigas.

Medicina natural e tradicional
Flora tupi-guarani
Protegido pela Funai
Artigo 232 da Constituição Federal, lei 6001/19/12/73, Estatuto do Índio
Fitoterápico responsável: Pajé AUÁ DJÚ PITOTÓ (líder espiritual)
E-mail: xxxx@yahoo.com.br
WhatsApp: xx-xxxxxxxxx

O quê? Você esperava que a garrafada fosse preparada em um ritual mágico, depois enterrada em solo sagrado, abençoada por anjos do céu, colocada em um recipiente digno de pompa e circunstância, e então bebida em situações solenes ao redor da fogueira com tambores ancestrais? Talvez isso tenha acontecido, em algum lugar do passado. Hoje, ela é um produto de norte a sul do país, encontrado em diversas formas, sob diferentes nomes e para muitos propósitos.

Lembrei de uma conversa que tive com Maria Thereza Arruda, na qual lamentei que a garrafada fosse cada vez menos usada no Brasil, com tanto preconceito. Ela me respondeu sabiamente: "As garrafadas estão em todo lugar, menina. Pra todo lado que você vai. Elas não acabaram não, e nem perto disso. E te digo mais: elas são procuradas por gente de toda classe social, rico, pobre, todo mundo acredita no poder de cura desses remédios. E se não acredita, tem sempre o poder da sugestão, do qual Mário falava".

Ela se referia a Mário de Andrade, que além do mandingueiro Macunaíma também se dedicou a escrever sobre curas no seu curioso livro *Namoros com a medicina*, onde afirmou: "O poder da sugestão é incontrolável" — e o brasileiro é dado a essas crenças. Não à toa.

Apesar de hoje a "garrafada do índio" ser rótulo genérico (e por que não dizer preconceituoso e aproveitador), empregado para preparados que atendem por outras nomenclaturas igualmente esvaziadas de sentido, como "Viagra da Amazônia", "garrafa cura tudo", "milagre para engravidar", "elixir da juventude", "xarope de ervas da vovó", "chá do índio para emagrecer", é essencial perceber, ao mesmo tempo, que ela continua plena, repleta de conteúdo e ainda símbolo histórico de resistência e transformação.

A viagem para a aldeia, embora breve, se mostrou sem volta. A garrafada foi meu bilhete de ida, razão principal que me levou até lá, mas se transformou em passaporte para entender uma mensagem importante que ela mesma carregava: reside na compreensão de suas inevitáveis mudanças e resistentes permanências a chave desta pesquisa. Este é um trabalho que situa a garrafada — sua forma e conteúdo — no centro do desenvolvimento de uma coquetelaria brasileira que também é fruto do cruzo entre a medicina popular e o boteco, como tantas outras bebidas estrangeiras. Contudo, para percorrer esse trajeto que levou a garrafada à prateleira do bar, é preciso identificar o começo desse processo. O começo está na floresta.

## OS CHEIROS E A POESIA DO PARÁ

Em um prédio de estilo neoclássico de pintura amarela e azul-calcinha já descascada, acima das grandes janelas em arco, lia-se, pintado em letras de fôrma vermelhas: "Daqui, em 1976, acenei para você". A poesia, uma vez tatuada nas paredes históricas do Solar da Beira, em Belém, não foi mantida após a restauração do prédio, finalizada em 2010. Uma pena que não se mantenham as poéticas nos processos de modernização, que não servem para restaurar, mas para apagar, concretar. Apesar do esforço nesse aniquilamento, outras poesias sensoriais igualmente espontâneas e orgânicas se mantêm firmes no complexo do Mercado do Ver-o-Peso, repleto de fraturas estéticas que assombram nosso cotidiano com beleza.

Nos corredores do setor de ervas, amarrados por barbantes, vidrinhos multicoloridos roxos, alaranjados, verdes, vermelhos carregam perfumes de nomes bastante poéticos: Chega-te a mim, Chora nos meus pés, Quer tem quem queira, Milagroso da Perseguida. As feiticeiras de saias rodadas estampadas e flores na cabeça que os preparam e os vendem no local dizem que apenas algumas gotas já são milagrosas. Ainda em suas bancas-altares, elas recomendam o atrativo da bôta, cuja receita, sincopada, é pura poesia:

## ATRATIVO DA BÔTA

Contém: agarradinho, carrapatinho, chega-te a mim, busca longe, corre atrás, pega não me larga.

O conteúdo é um composto de ervas decodificadas pelas erveiras para atrair o amor. Antes, reza a lenda que o atrativo continha pedaços dos genitais dos botos da região. Hoje, felizmente, o animal está apenas na referência do nome, relacionado ao poder de atração dos botos, já bastante conhecido no folclore e nas sabenças populares.

Além dos banhos para atração, há outros: para a zica sair e o dinheiro entrar, para afastar o mau-olhado e atrair o amado, e o misterioso e bastante procurado "Atrativo do Uirapuru". Ao lado dessas riquezas, figuram ainda as garrafadas para fins diversos — de ácido úrico a estimulantes. A mais famosa delas é o Viagra da Amazônia, cuja receita é mantida em segredo, mas a composição está à nossa disposição.

### VIAGRA NATURAL DA AMAZÔNIA
*Banca da Dudú, Mercado Ver-o-Peso*

Ingredientes: jucá, catuaba, arranca toco, moleque seco, m. de macaco, m. de quati, semente de guaraná, pó de guaraná.

Indicação: usado no combate ao stress, esgotamento físico, mental, impotência sexual, energético para homens e mulheres.

Usar 3 vezes ao dia.

Não é coincidência que a grande tradição das erveiras e garrafeiras do Brasil esteja geograficamente ali, às margens do rio Guamá, na baía do Guajará. Lembra quando o marquês de Pombal fez os jesuítas atravessarem o Atlântico de volta pra casa? Lembra então onde ele decidiu implementar um dos principais pontos de comércio, justamente no norte do Brasil, perto da Amazônia e toda a sua riqueza vegetal? A Companhia Geral de Comércio do Grão-Pará movimentou muito esses locais durante o século XVIII, principalmente por causa da venda das "drogas do sertão", que eram exportadas. O fluxo comercial modificou a região, que se transformou em um importante polo urbano, com uma população crescente e desatendida, formada principalmente por escravizados que foram levados para trabalhar durante o período mais pujante. Nas frestas do sistema colonial, essas populações de baixa renda foram criando seus próprios locais de compra e venda de produtos, e também suas formas de cura.

Com a abundância de ingredientes disponíveis pela proximidade com a floresta e pelos encontros culturais que se forjaram ali, as feiras livres começaram a ser importantes no cenário da Belém de 1800 para vender quitutes, verduras, banhos cheirosos e preparados medicinais. Essas vendas eram feitas, em sua maioria, por mulheres então conhecidas como ganhadeiras ou vendedeiras, que vendiam de tudo em seus tabuleiros. Entre uma raiz de pau, uma erva cheirosa e um óleo medicinal, a cultura da medicina popular foi florescendo, mas também aflorou o interesse — e a crença — pelas ervas que poderiam não expelir doenças, mas atrair amores e dinheiro, exalando graça e fertilidade. A tradição se manteve, em parte, pela oralidade — e as receitas, ainda que famosíssimas, continuam mantidas em segredo e repassadas apenas entre familiares.

## TIA COLÓ

Visitar o Ver-o-Peso é um passeio cultural e antropológico. Os produtos chamam a atenção, mas são as pessoas — mateiros que buscam ingredientes da floresta ou os cultivam em casa para vendê-los na feira, as erveiras que preparam suas panaceias e feitiçarias — que fazem a cultura permanecer viva. Clotilde, conhecida "no mundo todo", como ela mesma diz, como Coló, trabalha com ervas no mercado há mais de trinta anos e é uma das mais antigas.

Em frente à sua barraca, repleta de diversos produtos cheirosos e medicinais — magia pura —, ela recebe os clientes curiosos vestida com roupa de gala: saia rodada com babados em azul-royal bem comprida, chinelos de miçangas coloridas brilhantes, blusa de decote ombro a ombro amarela de babados, colares de contas coloridos, vermelhos, brancos e azuis, cabelo amarrado com flores rosa-choque fazendo uma espécie de coroa na cabeça, e ramos de ervas cheirosas enfeitando as orelhas como brincos. Ela já passou o conhecimento que aprendeu com a avó, parteira, e com a mãe, umbandista, para os seis filhos, e conta que o preparo de banhos, xaropes, atrativos e remédios é essencial para a cultura.

"É assim: de onde se tira e não se põe, acaba. Por isso, temos que passar esse conhecimento aqui de geração para geração. Não podemos deixar nossa cultura morrer, se acabar. Vamos lutar, vamos pra cima. Tem muita gente que só sabe procurar negócio de médico. Vamos procurar as ervas, elas têm poder, elas curam, dão vida. Todas elas são poderosas, não tem uma melhor do que a outra. Todas elas curam. Mas em primeiro lugar você tem que ter a fé, se não tiver a fé não adianta nada."

Sobre a fé, Coló diz que é católica, mas também da umbanda, filha de Cacique Pena Verde — não por coincidência, caboclo ligado às curas pelas plantas.

"Coisa mais difícil é ir pra médico. Vou pra médico para saber o que eu tenho, mas me trato com as ervas. E tenho muitas receitas, depende do que precisa tratar: derrame, dor de cabeça, pode ser parto, resguardo quebrado. Aí pega arruda, malva-rosa, cravo, e usa cachaça. Dá para a pessoa cheirar ou beber. Não tem regra. E aqui faço muito banho de cheiro pro amor. Todo mundo quer amor."

Talvez o amor que se busque nos frascos "chega-te a mim" e "chora nos meus pés" preparados pelas erveiras do Ver-o--Peso não cheguem aos pés do amor que elas carregam pelo ofício, e que nossa cultura tem por essas guardiãs.

COLEÇÕES

Em Belém também funciona o único herbário de plantas medicinais da região amazônica, localizado na Universidade Estadual do Pará, batizado em homenagem à professora doutora Marlene Freitas da Silva, importante taxonomista da Amazônia. Atualmente, ele é parte do Departamento de Ciências Naturais e guarda mais de 7 mil exsicatas de plantas medicinais da região, além de um acervo de garrafadas. Quem me recebeu foi a então coordenadora, a dra. Flávia Lucas. Na época, além de me mostrar todo o processo de trabalho, algumas espécies raras e falar sobre as propriedades de uma ou outra planta, ela também estava muito preocupada com o impacto da construção da hidrelétrica de Belo Monte no rio Xingu, no alto Pará. Ela me contou, preocupada, da enxurrada de peixes mortos que as comunidades ribeirinhas estavam relatando, além do impacto na flora da região. Segundo ela, muitas espécies de plantas estavam "desaparecendo", e por isso ela estava com viagem marcada para lá, para registrar algumas dessas perdas, e tentar "salvar" algumas delas. A preocupação de quem trabalha com a natureza neste país passa por zelar pela sociobiodiversidade, ameaçada pela monocultura e pelos interesses econômicos que parecem sempre estar acima de tudo. Desde os tempos do Brasil colônia.

Além do alerta, pertinente aqui para esta pesquisa, uma parte da conversa com a professora Flávia ficou impressa na minha memória, não se desgrudou mais. Uma frase tão linda quanto instigante. Quando eu a questionei sobre as ervas usadas pelas garrafeiras no Pará, ela comentou que, claro, havia as mais típicas da região, as que se ambientavam melhor ao clima. Mas, segundo ela, a escolha das ervas era acima de tudo um trajeto pessoal.

"Essas mulheres cultivam plantas nos quintais de casa como coleções. Os jardins são suas coleções pessoais de cura, de beleza, de manutenção e preservação da cultura e do ofício."

Eu achei lindo pensar nesses plantios e cultivos como coleções. O que você coleciona nos jardins, o que cultiva nos seus arredores e faz crescer raízes profundas que ajudam a aterrar culturas e fazê-las vingar? Agradeço sempre à professora Flávia pelo recado, agora transmitido.

Depois de visitar o Ver-o-Peso, a gente nunca sai igual. Eu voltei para São Paulo com a mala cheia de cheiros do Pará, inebriada com a sabedoria das erveiras e ansiosa para testar os mais de trinta ingredientes novos que havia conhecido por lá: erva-chama, priprioca, casca de andiroba, leite de jacuba, entre tantas outras. Arrisquei, com a maior reverência a essas guardiãs da nossa cultura, a minha própria receita de Viagra da Amazônia — obviamente mais preocupada com o sabor que com os princípios ativos e estimulantes do preparado. A minha ideia era criar uma garrafada que fosse uma bebida composta, não precisasse ser misturada a nada, e fosse tomada pura, apenas com gelo. Eu queria mesmo transpor a garrafada medicinal — sua técnica e seus ingredientes — para uso no bar. Procurei usar cascas, raízes e sementes que fossem estimulantes e outras que equilibrassem o sabor mais amargo. A receita ficou assim:

### ISSO NÃO É UM VIAGRA DA AMAZÔNIA

**Para a garrafada**

| | |
|---|---|
| casca de catuaba | 20 g |
| sementes de cumaru | 2 |
| casca de café | 20 g |
| cachaça em amburana | 500 ml |
| vodca ou álcool neutro 45% | 500 ml |

**Para finalizar**

| | |
|---|---|
| água filtrada | 500 ml |
| xarope de rapadura | 500 ml |

Coloque todos os ingredientes em um pote de conserva previamente higienizado e deixe a bebida macerando por 14 dias longe da luz. Mexa o pote todos os dias para os sabores se misturarem. Depois de pronto, coe. Adicione ½ litro de água filtrada e 500 ml de xarope de rapadura. Engarrafe e coloque uma etiqueta com a composição, o nome e a data de envase.

*Para o xarope de rapadura*

Junte a proporção de uma parte de rapadura para uma parte de água e leve ao fogo baixo. Quando a rapadura derreter, desligue. Está pronto. Deve durar um mês na geladeira. Se quiser, você pode substituir esse xarope por outro agente de dulçor: melaço de cana, xarope de demerara, mel, use a criatividade. Os ingredientes da receita você pode substituir também — é o que eu sempre digo, as garrafadas não são necessariamente uma receita, mas um jeito de fazer.

## RECEITAS DO PARÁ

Quando voltei do Pará pela primeira vez fiquei tão maluca pelos ingredientes que descobri por lá que criei um cardápio de dez drinques, todos com plantas e raízes que descobri na visita. O menu chamava-se "Do pitiú aos banhos de cheiro" e trazia receitas inspiradas nos aromas e sabores paraenses. Selecionei aqui duas das receitas caso você queira reproduzir:

### À MODA ANTIGA
*por Néli Pereira*

A raiz de priprioca é toda cabeludinha, cheia de fiapos, e apresenta alguns nós preciosos, muito aromáticos. Tem um pouco de gosto de perfume, mas algumas notas de baunilha, terrosa, meio defumada. Por isso, de todas as infusões que fiz com ela, a de bourbon foi a de que mais gostei, porque complementa com aroma o dulçor e a picância da bebida. É um daqueles casos em que eu não queria ter que misturar a infusão com mais nada, mas achei que ela ganharia com um pouco de dulçor, e foi só o que fiz para interferir no já incrível sabor. Inspirada num Old Fashioned, criei esse "À moda antiga".

| | |
|---:|:---|
| infusão de bourbon e priprioca | 70 ml |
| mel de caju | 10 ml |
| casquinha de laranja para dar aroma | |

Misture os ingredientes em um mixing glass com gelo. Coe e sirva em um copo baixo com gelo de cubo ou esfera grande. Esprema uma casquinha de laranja para dar aroma e coloque-a dentro do copo.

**Para a infusão de bourbon e priprioca**

Coloque 200 ml de bourbon em um pote hermético previamente higienizado e adicione 3 nós de raiz de priprioca. Macere com um pilão até que os nós se quebrem e feche. Deixe a maceração ao abrigo da luz e do calor por 10 dias. Coe a mistura. Engarrafe e identifique.

### FEBRE AMARELA
*por Néli Pereira*

O tucupi é um dos produtos mais comuns no Norte do país. Ingrediente principal do famoso tacacá, é feito com a calda da mandioca brava, e geralmente vendido em garrafas PET nos mercados. Tem um sabor salgadinho, temperado. Durante uma viagem pelo rio Negro, de Manaus até o Parque Nacional do Jaú, criei esse drinque, que mais tarde reproduziria no menu paraense. É inspirado no clássico Bloody Mary.

| | |
|---:|:---|
| tucupi | 100 ml |
| gim | 50 ml |
| jambu fresco | 3 folhas |
| pimenta | 1 *dash* |

1 pitada  sal
1 *dash*  molho de tucupi preto

>Bata todos os ingredientes em uma coqueteleira com gelo. Coe em um copo alto com gelo e decore com uma folha de jambu.

## PARTE III
# Finalmente, o boteco

*Agora que já entendemos como as bebidas à base de álcool e plantas curtidas passaram de medicinais a recreativas, e vimos como no Brasil a relação com as plantas sempre tem um quê de mandinga, vamos adentrar o espaço do botequim. A partir de agora, vamos descobrir a história dos locais onde essas mesmas bebidas são servidas, como eles fizeram o cruzo da botica para o boteco tal como o conhecemos hoje e como tudo isso chegou aos bares de coquetelaria, dentro e fora do Brasil.*

## 11. Da botica ao boteco pé-sujo em alguns goles

Voltemos ao Brasil colonial. A medicina da época contava com as práticas indígenas e dos negros escravizados, que resistiam às tentativas de apagamento de sua cultura, e também com as boticas dos colégios jesuítas, onde os religiosos faziam atendimentos médicos e preparavam remédios. Além deles, como vimos anteriormente, havia dois estabelecimentos ainda mais populares: as boticas tradicionais, tocadas por boticários (ou apotecários, se preferir), e as lojas de barbeiros, onde se realizavam cortes de cabelo e aparas de barba, além de procedimentos simples como pequenas cirurgias, sangrias, aplicação de sanguessugas e até extração de dentes.

Os barbeiros não eram médicos formados, mas aprendiam o ofício com a família ou com a prática e recebiam a autorização para atuar no Brasil através de funcionários da Corte chamados de "físico-mor", que examinavam e aprovavam candidatos, inspecionavam boticas etc. Eram gente simples, geralmente vinda da Espanha ou de Portugal, e muitos, no entanto, nem sequer essa autorização tinham para trabalhar, embora atendessem mesmo assim, em seus estabelecimentos que logo se tornaram pontos de encontro em lugarejos e nas cidades que iam se formando.

Os boticários e barbeiros eram, portanto, profissionais considerados de classe inferior no universo da medicina da época, mas muito procurados pela proximidade que tinham com a comunidade, já que, na maioria dos casos, as lojas ficavam na parte da frente de suas casas.

> As primeiras boticas da época da colonização pareceram-se muito, em seu aspecto, com as lojas de barbeiros. Modestas e acanhadas como estas, localizaram-se nos pontos centrais e foram o lugar de reunião dos homens até soar o toque de recolher, às 19h em ponto. [...] Na primeira [sala], enfileirados sobre prateleiras de madeira, viam-se boiões e potes etiquetados, contendo unguentos e pomadas; frascos e jarros — de vidro ou de estanho — também etiquetados, com xaropes e soluções de variadas cores; caixinhas de madeira com pílulas, balcões, mesinha e bancos.*

São descrições que se parecem, não é mesmo? Os apotecários londrinos, as boticas dos colégios jesuítas e, arrisco dizer, alguns dos nossos botecos de hoje. Pois aqui há um elemento importantíssimo para nossa narrativa: veja que então as boticas onde se vendiam remédios e realizavam atendimentos simples acabaram se transformando em lugares de encontro (masculinos, diga-se de passagem). Esses mesmos locais vendiam remédios feitos à base de ervas e plantas — muitas delas nativas — e a maioria usava o álcool como condutor.

* Lycurgo de Castro Santos Filho, *História geral da medicina brasileira*. São Paulo: Hucitec, 1977. p. 327.

Não seria forçar demais a imaginação pensar que logo os frequentadores encostavam suas panças nos balcões pedindo uma dose com carqueja para dor de estômago ou um alívio antiestresse de melissa após um dia cheio de trabalho e aproveitavam para bater um papo descontraído com o proprietário. Certo? Igualmente podemos imaginar essas boticas orgânica e espontaneamente virando os botequins, com os mesmos balcões e, em alguns casos, os mesmos preparos "medicinais". Esse é um dos caminhos que poderia explicar a transição dessas fórmulas da farmácia para os nossos bares, com suqueiras repletas de cachaças curtidas com suas torneirinhas sempre à disposição e os rótulos improvisados alertando sobre o conteúdo "sassafrás", "cipó-cravo", "jurubeba", "milome".

## BOTECO DO ARLINDO E A DROGARIA

Mas a relação entre as garrafadas e os botecos é tão explícita que, como muitas coisas no Brasil, virou até samba. Foi João Nogueira quem cantou a composição de Maria do Zeca e Nei Lopes, feita em 1986, sobre um tal boteco onde se bebia cachaça supostamente para curar alguns incômodos físicos. O temor era que o tal botequim virasse drogaria. Acho que a gente pode ficar tranquilo que essa fronteira jamais o bar vai cruzar. Ser boteco é muito melhor que ser farmácia, afinal de contas. Né não, Arlindo?

> *Gripe cura com limão, jurubeba é pra azia*
> *Do jeito que a coisa vai, boteco do Arlindo vira drogaria*
> *O médico tava com medo que o meu figueiredo não andasse bem*
> *Então receitou jurubeba, alcachofra e de quebra carqueja também*

[...]
*Tem vinho pra conjuntivite, licor pra bronquite,*
　*cerveja pros rins*
*Traçados e rabos de galo pra todos os males e todos os fins*
[...]
*Batida de erva-cidreira se der tremedeira ou palpitação*
*Pra quem tá doente do peito faz um grande efeito licor de*
　*agrião*
*E toda velhice se acaba se der catuaba prum velho tomar*
*Meu tio bebeu lá no Arlindo e saiu tinindo pra ir furunfar*
("Boteco do Arlindo")

Jurubeba, carqueja e, claro, a catuaba, nosso revigorante mais conhecido, afamado pela capacidade de "levantar defunto". Pois falaremos dela logo mais adiante. Por agora, preste atenção que todos esses ingredientes têm em comum o gosto amargo. A jurubeba um amargo mais carnudo, adocicado; a carqueja muito mais adstringente; a catuaba mais tânica, terrosa. E quem nunca ouviu alguém pedindo "um amarguinho" no boteco? Pois não é de hoje que a relação entre amargor e poder curativo se fez. Muitas das ervas, cascas e raízes usadas nas garrafadas medicinais tinham essa característica amarga, e muitas eram consideradas mais poderosas quanto maior o grau de amargor. O remédio é amargo, não é o que dizem? Pois parte do trabalho desta pesquisa foi justamente distinguir amargores para o uso em coquetéis. Alguns dos drinques clássicos mais conhecidos — o Negroni, por exemplo, e o próprio Rabo de Galo — têm como perfil sensorial o amargor.

O samba fala em "traçados e rabos de galo"; pois eles nada mais são que nomes populares para os coquetéis (*cock*: galo, *tail*: rabo) no Brasil. Ou seja: não eram só as pingas curtidas, mas as misturas delas que também poderiam ter efeitos positivos para a saúde. Que bom saber que Nei Lopes não as deixou de fora da música que exalta essa relação tão intrínseca entre o boteco e a botica.

Mas aqui vale um alerta: os traçados, rabos de galo, coquetéis e outras bebidas das quais falamos jamais podem ser considerados remédios. São alcoólicos e por isso exigem todo nosso cuidado. Ao destacar a relação entre as ervas e o álcool e a travessia delas até os balcões dos nossos bares, pretendo ressaltar a técnica que faz parte da nossa cultura, assim como os ingredientes. Esse olhar para a história serve para nos lembrar também que jamais devemos voltar ao tempo em que essas distinções não eram feitas ou eram ainda turvas. Mas é preciso olhar para o passado para garantir um presente mais brasileiro e um futuro certamente mais voltado à nossa terra quando levantamos nossos copos. Para dizer saúde, sim. E, por isso, o cuidado.

Como Maria Thereza Arruda me disse, "Você trabalha com bebida, é? Tem bar? Mas garrafada não é bebida não, garrafada é remédio, não dá pra confundir as bolas", ela já solta, ressabiada.

Eu sempre me preocupei com esse aspecto no decorrer da pesquisa. Me recusei repetidas vezes a preparar um drinque no balcão do meu bar a quem aparecia, já ciente do meu trabalho, dizendo que "queria algo para gripe", ou "me serve algo que meu estômago tá meio embrulhado" — nesses casos eu no máximo oferecia um chá de guaco com mel ou um boldo macerado. Nunca um coquetel.

Falando em traçados, vale dizer que o Rabo de Galo não só é sinônimo de coquetel como batiza um dos drinques clássicos mais populares do Brasil, e acho que vale aqui anotar a receita:

## RABO DE GALO

60 ml  cachaça
30 ml  vermute rosso ou Cynar

Sirva num copo com ou sem gelo com uma rodela de limão.

*Dicas da bartender*

- Experimente usar 15 ml de vermute rosso e 15 ml de Cynar no seu coquetel. A mistura deixa o drinque bem mais gostoso.

### SECOS E MOLHADOS

Há ainda outro estabelecimento importantíssimo para contar a travessia das pingas curtidas, das garrafadas e dos amarguinhos até os nossos botecos: os armazéns de secos e molhados, muito comuns entre os séculos XVII e XIX e que perduram até hoje. O cenário desses lugares, de lá para cá, não mudou muito: dois degraus feitos com caixotes, chão de ripa de madeira. Há muito de tudo: pó, objetos, penduricalhos, uma profusão de cores, embalagens. Um balcão de madeira com tampo de vidro. Nele, perfumes, pentes, espelhos, sabonetes, cortadores de unha, agulhas, dedais, fios, novelos, barbantes e seus parentes. Sobre ele, uma balança de ferro e alguns potes de doces: amendoim, rapadura, mocotó. Fumo de todo tipo à venda: palheiro, de rolo. Na prateleira ao lado do balcão, improvisada de madeira, latas de óleo e outros mantimentos, alguns produtos de limpeza, alvejantes, sabão em barra, gomas. Pelo chão, sacos de feijão, arroz e outros grãos. Algumas gaiolas de madeira despencam penduradas das vigas, onde também se prendem, com barbantes, alguns estilingues, chapéus, sandálias de couro, frutas, coadores de café de pano. Atrás do balcão, uma prateleira com utensílios domésticos à venda: bules, panelas, canecas. Eles dividem espaço com garrafas de aguardente, alguns vidros de compotas caseiras, umas garrafas com ervas, cascas e raízes infusionadas. Familiar?

Desde seus primórdios, esses espaços, também conhecidos como bodegas, muitos deles tocados por comerciantes portugueses, vendiam de tudo: mantimentos, miudezas, ou, como citou um historiador: "alho e livro de missa, até cachaça, doces e velas". O proprietário, que não raro também morava na parte de trás do estabelecimento, costumava oferecer uma cachacinha e um tira-gosto para os fregueses — fossem eles moradores da região ou viajantes, que usavam esses locais também como entreposto e descanso, e às vezes até como lugar de diversão e acolhimento. Ali, entre tantos outros objetos, as pingas curtidas com ingredientes da terra também eram servidas, e muitas das ervas, frutos e cascas usados eram colhidos pelos próprios proprietários nas proximidades. Butiá, sassafrás, e o que mais nascesse no entorno logo seria submerso em pinga e tomado de forma recreativa, ou com a desculpa de que "faz bem para o estômago". Profiláticos esses bebedores...

Os armazéns também explicariam a estética recorrente dos nossos botecos pés-sujos, que tanto amamos para tomar um amarguinho ou uma gelada, entre as coleções de objetos tão particulares: *composés* estéticos tão nossos. Onde mais um chifre de bode e um vidro de água de alfazema ficariam tão harmoniosos lado a lado? Você já tinha parado para pensar como eles foram parar nos nossos botecos? Pois parece que a alma dos nossos botequins é que foi parar nesses lugares de encontros regados a dedos de prosa e de pinga.

## BUTIÁ OU COQUINHO

**Nome científico:** *Butia catarinensis* ou *Butia eriospatha*
**Família:** Angiospermae/ Arecaceae
**Aparência:** palmeira de baixo porte, com frutos amarelados e arredondados
**Incidência:** Sul e Sudeste, bioma Mata Atlântica
**Perfil de aromas e sabores:** azeda, ácida, fibrosa, untuosidade do coco

No jardim que ficava em frente à casa onde passei minha infância, na arborizada rua Fernando Amaro, em Curitiba, tinha uma palmeira de butiá. Eu vivia com suas fibras encalacradas nos dentes de tanto que comia as frutinhas que caíam no chão. Estavam ali, oferecidas e abundantes, e tinham um gostinho ao mesmo tempo meio doce, carnudo e azedinho. Irresistível. Devo ser a prova viva de que comer butiá demais não faz mal para o estômago, caso contrário teria sido uma criança com muitos problemas digestivos. Minha mãe não se cansava de catá-los na frente de casa. A gente ia de camiseta e virava a barra da frente, transformando-a em um pequeno saco, onde depositávamos as dezenas de coquinhos. Com eles, ela fazia geleias, licores e cachaças.

Além das frutinhas, eu costumava puxar os galhos da palmeira até a altura do muro da casa e, de lá, pendurada feito macaca, brincava de "chita", voando do muro ao chão agarrada nos ramos. As frutas nativas, essas da nossa infância, são como passagens de volta ao tempo, quando butiás cresciam nos jardins hoje transformados em estacionamentos ou prédios. Tão espontâneas e presentes na nossa vida, não fomos cuidadosos o suficiente para mantê-las como nós, de pé. Nem mais as utilizamos para voar, pois criamos asas próprias que nos levam para longe. Mas esquecemos de nossas raízes, desprendemo-nos da terra, e esquecemos também das raízes dos butiás e da nossa infância. Por conta disso, elas estão entre as espécies ameaçadas de extinção — tanto quanto as crianças que voavam plenas agarradas aos seus galhos. É preciso de raízes para criar asas. É preciso reconhecer os butiás no horizonte da vida, para lembrarmo-nos de quem somos.

## BUTIÁ NA CACHAÇA

Nas receitas populares, a técnica é simples: em um pote de vidro hermético previamente higienizado, coloque as frutinhas já limpas e cubra com cachaça. Macere um pouco para machucar os coquinhos e ajudar na liberação do sabor e feche a tampa. Deixe por 20 dias e a mistura está pronta para ser tomada. Geralmente não se coa a cachaça, deixando dentro do pote os frutos, que vão dando mais sabor e doçura à bebida. Quando metade tiver sido tomada, complete o pote com mais pinga. Depois de reposta uma vez, a mistura passa a perder sabor.

### *Dicas da bartender*

- Use cachaça de boa qualidade. No caso do butiá, aquelas envelhecidas ou armazenadas em carvalho amplificam a acidez e dão um caráter mais picante à mistura, enquanto as armazenadas em madeiras mais "doces" como a amburana, a amendoeira e o jequitibá-rosa deixam a pinga mais adocicada, puxando mais o sabor de coco. Se for usar as cachaças brancas, sugiro as de perfil menos mineral e vegetal, escolhendo as com dulçor mais presente.
- Os frutos da Mata Atlântica com esse perfil mais azedinho, como o araçá, a uvaia e o cambuci, rendem excelentes cachaças e licores. Utilize o mesmo processo e experimente.

A ALMA DOS BOTEQUINS

Os armazéns se tornaram tão parecidos com os botecos que, nos anos 1920, quando o Rio de Janeiro tentou a fórceps ser Paris importando sua belle époque e transplantando para o Brasil o modelo de cafés e bistrôs típicos da capital francesa, esses estabelecimentos foram tão perseguidos quanto os botequins.

A República tentava ter algum controle sobre a população das grandes cidades e especialmente sobre as culturas que não conseguia assimilar no projeto higienista de nação — exatamente aquelas que sobreviviam nas frestas: negros, indígenas, mestiços, a grande massa pobre e subordinada que vivia nas franjas do sistema. Para tentar disciplinar e corrigir essas vertentes consideradas subversivas e contraproducentes, houve tanto campanhas contra o consumo de álcool quanto perseguições ao que se chamou de "vadiagem". Os botequins eram alvos certos dessas perseguições, assim como os armazéns. Mas esses espaços resistiram. Eram "um ponto de resistência da classe trabalhadora, da luta contra a imposição das novas regras de conduta", e funcionavam como "uma forma de integrar o indivíduo em uma comunidade".*

Essa integração, no Brasil, jamais se forjou nas regras, mas às margens do sistema que nunca se ocupou em acolher, somente em domesticar, corpos e culturas.

Esses lugares pioneiros de resistência — boticas, armazéns, botequins — guardavam em seus princípios o que é a alma do boteco no Brasil. Em comum tinham muito mais do que o bal-

---

* "A historicidade dos espaços de botequim na cidade do Rio de Janeiro". Disponível em: <https://www.maxwell.vrac.puc-rio.br/22257/22257_3.PDF>. Acesso em: 11 jun. 2022.

cão e algumas pingas curtidas com ingredientes da terra: eles compartilhavam a predisposição para o encontro e para o acolhimento. Recebiam os mais chegados e os viajantes, os vizinhos e os forasteiros, sem distinção de cor ou de classe. E levantavam seus copos brindando por saúde.

São espaços ritualizados, os botequins. Eles nos inspiram com séculos de história contados em garrafas de pinga curtida. É no bar que até hoje discutimos projetos, suas ascensões e ruínas, choramos as mazelas e celebramos as conquistas sociais e individuais. O bar é espaço de cruzo: sagrado e profano. É lá que bebemos umas, e oferecemos outra pro santo.

## MASTRUZ

**Nome científico:** *Chenopodium ambrosioides L.*
**Família:** Angiospermae/ Amaranthaceae
**Aparência:** erva muito ramificada de até 1 metro de altura. Folhas simples, alternas, pecioladas. Flores pequenas e densas, dispostas em espigas axilares
**Incidência:** perene
**Toxicidade:** mulheres grávidas e lactantes devem evitar seu consumo excessivo, e o consumo prolongado não é recomendado
**Perfil de aromas e sabores:** herbácea, adocicada, levemente amarga, anisada e vegetal

É remédio popular, refresco ou banda de forró? O mastruz é isso e muito mais. Na medicina popular, já foi considerado pela Organização Mundial da Saúde como uma das plantas mais utilizadas do mundo inteiro. A banda é a pioneira do forró eletrônico, e o refresco, vendido em quase todas as lanchonetes de Manaus, batido com leite frio mesmo.

O mastruz é uma celebridade, atingiu o *mainstream* e atende por muitos nomes: erva-de-santa-maria, mentruz, mastruço, quenopódio, mata-cobra, mentrei, erva-ambrósia, lombrigueira. Muito usado no tratamento contra vermes, como remédio para asma e como cicatrizante, sua fama só não é maior por causa do seu aroma — considerado desagradável para muitos. Não sei se eu já me acostumei ou o quê, mas o fato é que eu não tenho problema nenhum com o cheiro tão característico. Além disso, o sabor complexo me conquistou, e acredito que o uso na gastronomia ainda é tímido perto de seu potencial.

Além disso, quando infusionei mastruz na cachaça pela primeira vez, não tive dúvidas de que faria a minha própria versão do mastruz com leite: um *milk punch* — ou ponche de leite — clarificado. Talvez um dos meus drinques mais populares e aclamados pela crítica especializada dos meus clientes.

## INFUSÃO DE MASTRUZ NA CACHAÇA

| | |
|---|---|
| cachaça branca | 1 litro |
| mastruz seco | 20 g |

Coloque em um pote a cachaça e o mastruz e deixe fechado em infusão por 1 ou 2 dias. Coe.

### Dicas da bartender

- O mastruz ganha muito infusionado nas cachaças brancas e mais vegetais, além daquelas envelhecidas ou armazenadas em bálsamo. Com vodca, o seu potencial não é todo explorado, mas ruim não fica. Também gostei das infusões que fiz com rum branco.

## MASTRUZ COM LEITE
## (PONCHE DE LEITE CLARIFICADO)
*por Néli Pereira*

| | |
|---|---|
| infusão de mastruz | 500 ml |
| licor de catuaba | 100 ml |
| xarope de melaço de cana (1:1 água/melaço) | 100 ml |
| vermute rosso | 50 ml |
| mastruz seco | 30 g |
| Angostura | 5 *dashes* |
| limão-taiti | 250 ml |
| suco de laranja | 100 ml |
| leite quente | 1 litro |

Coloque todos os ingredientes, menos o leite, em um recipiente e misture. Depois, jogue o leite quente e espere talhar. Quando estiver talhado, coe com um pano limpo. A mistura vai clarificar o ponche, e separar a nata do líquido, imprimindo um sabor lácteo e untuoso. A coagem deve durar até 24 horas, pingo a pingo. Mantenha seu ponche refrigerado. Validade de 10 dias.

### CHÁ DE MASTRUZ

250 ml água
10 g mastruz seco

Leve ao fogo o mastruz com a água e deixe em infusão. Coe e utilize na coquetelaria.

### MASTRUZ AIRES
*por Néli Pereira*

Este foi o primeiro coquetel que criei com mastruz, para a carta do Hotel Arpoador, no Rio de Janeiro. Misturei o dulçor herbáceo do chá para compor um coquetel de baixo teor alcoólico (low ABV), refrescante e amargo.

50 ml chá de mastruz
50 ml cachaça branca
10 ml melaço de cana
Fernet-Branca

Em uma coqueteleira, coloque todos os ingredientes, complete com gelo e bata. Coe, sirva em uma xícara com gelo e finalize com um *float* de Fernet-Branca.

## A ÚLTIMA PALAVRA
*por Néli Pereira*

---

Escancaradamente inspirado no Last Word, este coquetel é menos doce e mais cítrico, e ganha muito com o sabor mais herbáceo da planta.

|  |  |
|---:|:---|
| infusão de mastruz | 50 ml |
| suco de limão-taiti | 15 ml |
| Chartreuse verde | 5 ml |

Coloque os ingredientes em uma coqueteleira, complete com gelo e bata. Coe e sirva em uma taça gelada, com zest de limão para decorar.

# 12. A colonização do paladar

A ideia da pesquisa que estou apresentando neste livro cruzou o meu caminho num boteco. Foi num dia específico, num botequim pé-sujo da zona cerealista em São Paulo, onde vi os potes enfileirados com ingredientes que cresciam perto da minha casa e cujo sabor eu não conhecia.

Era 2013, e eu vinha de uma sólida carreira no jornalismo — havia trabalhado em redações nacionais e internacionais e feito dois mestrados em cultura: um sobre identidade cultural do Brasil, voltado a políticas públicas, e outro em semiótica da cultura, com o mesmo fim. Além disso, já tinha entrevistado os maiores ícones reconhecidos e apagados da nossa cultura, como Ariano Suassuna, Bezerra da Silva, Dona Ivone Lara e tantas outras entidades. Mas depois de anos de leitura, entrevistas e reportagens, foi uma simples visita a um boteco pé-sujo que me fez sentir na pele — e na boca — quão pouco eu conhecia do Brasil.

O bar ficava dentro de um entreposto de hortifrúti tipo Ceasa, com cheiro de fruta passada no ar. Para chegar até ele, a gente desviava dos pedaços de jenipapo, melancia e laranjas pisoteados pelo chão, passava pela banca de tamarindo, de seriguela, de cebolas, num cenário caótico de natureza-morta pós-feira ou apocalipse, e chegava numa esquina nada convidativa, com duas ou três mesas de plástico meio quebradas de uma marca de bebida qualquer, um cachorro pelo chão azulejado gasto e sujo. Na prateleira atrás do balcão, estavam oito ou dez vidros de conserva, com torneirinhas de plástico. Etiquetas escritas à mão descreviam seu precioso conteúdo:

CARQUEJA

JURUBEBA

CATUABA

SASSAFRÁS

MILOME

BUTIÁ

MASTRUZ

Eu não sabia que gosto tinham aquelas infusões. Não fazia nem ideia. Logo pensei que, se no lugar estivessem "blueberry", "grapefruit", "pitaya", "pecan" ou "dill", eu não teria dúvidas sobre o sabor das bebidas. Um paladar colonizado, reflexo de uma mente idem. Foi a partir dali que comecei o primeiro de inúmeros testes que seguiram ao longo dos anos, embebendo cascas, raízes, frutos e ervas brasileiras em alcoóis diversos — cachaça, uísque, saquê, vodca, gim... — e comparando resultados. A partir dos sabores, criava garrafadas compostas, coquetéis, licores, amaros, vermutes. Ia conhecendo sobre as bebidas e sobre o Brasil, viajando a aldeias indígenas, visitando mercados e feiras, cruzando rios e avenidas, e conversando com guardiões da nossa cultura, que zelam pelos saberes de cada uma das folhas que colhi pelo caminho.

Tinha ouvido falar da carqueja, da catuaba, mas até ali elas haviam ficado às margens do meu paladar colonizado. E tudo estava prestes a mudar com o primeiro gole daquelas preciosidades: primeiro o dulçor herbáceo do mastruz, depois o amargor potente e tânico do milome, o azedinho do butiá.

Por isso, é no terreno fértil da encruzilhada que a mágica desta pesquisa acontece: muitos dos ingredientes que trago aqui foram e ainda são usados por esses guardiões, seja como remédios populares e sagrados ou como uma pinguinha no pé-sujo da esquina. Dessa forma, ainda que seja o *sabor* desses componentes o que venho testando e estudando nos últimos anos, esta pesquisa não existiria sem um mergulho no *saber* sobre seu emprego na nossa cultura. Eis por que eu decidi chamá-la de "sabores e saberes do Brasil". No processo de busca pelos sabores, descobri que o uso tradicional desses ingredientes guarda receitas e técnicas ancestrais que não devem ser ignoradas nem apagadas pelo tempo. Portanto, é também um pouco desse resgate o que trago, uma ressignificação das tradições, cruzando, sem atropelar nada, essas práticas.

OS PRIMEIROS TESTES

Embora naquele momento a vontade de começar imediatamente a usar todo esse novo universo de sabores fosse grande, havia empecilhos. O primeiro era: por onde começar? Esse passo implicava outros igualmente básicos, como onde encontrar os ingredientes e, claro, o que fazer com eles. Dúvidas frequentes que, anos mais tarde, ouviria de quem entrava em contato pela primeira vez com a minha pesquisa — perguntas que ouço com uma certa frequência e para as quais, mais que respostas, eu encontrei caminhos. Todo mundo quer um passo a passo, uma receita pronta. E, embora eu tenha compartilhado algumas neste livro, a esta altura do campeonato você já deve ter percebido que mais do que fórmulas prontas, há aqui um percurso que você pode trilhar, como uma travessia, fazendo seus próprios testes, colhendo do seu próprio terreiro.

Mas, lá no começo, em 2013, quando tive esse mesmo siricutico de começar, o primeiro passo foi simples e eficaz, e se tornou rotineiro. Cheguei junto ao balcão daquele boteco, pedi para o senhor que estava atendendo que me servisse uma dose de cada uma das cachaças curtidas disponíveis. Tal qual aprendi nas minhas aulas de vinho, fiz ali mesmo, apoiando copos de plástico em mesas feitas do mesmo material, uma degustação sensorial — nome pomposo e técnico para a análise de sabor, aroma, cor, textura. Todas eram "amarguinhas". Ou quase todas. A catuaba era mais tânica, o mastruz mais adocicado, a carqueja de fazer aquela careta franzindo o rosto pelo amargor adstringente. Fui me afeiçoando a elas.

Feita a degustação, cheguei para o mesmo senhor e perguntei onde afinal ele encontrava esses ingredientes — tidos por mim naquele momento como "exóticos". Ele me olhou meio descrente da pergunta e respondeu que comprava tudo ali no entreposto mesmo, muitos vendidos por comerciantes nordestinos. Antes de partir para a busca, fiz ainda um derradeiro questionamento ao atendente, que novamente me retornou incrédulo quando tentei descobrir como se faziam as pingas curtidas nesses ingredientes todos.

"Coloca o pedaço de pau ou da raiz na pinga e deixa lá, curtindo, uai!" Simples, né? Mas eu ainda queria saber por quanto tempo, o que poderia ser usado — deixei pra lá, no entanto. O senhor já estava desconfiado demais das minhas dúvidas. Tão desconfiado como muita gente que olha torto quando vê um pedaço de pau dentro da pinga. "Como assim?

Isso aí não é perigoso não?" Ouço isso com frequência, sendo até mesmo tachada de maluca e irresponsável por alguns. "Ela não deveria servir isso num bar de coquetelaria, pode intoxicar alguém" — é o que muitos dizem. Fomos treinados (ou domesticados?) a achar essas coisas muito "arriscadas", "perigosas", e fomos, lenta e eficazmente, nos distanciando dessas práticas tão comuns e corriqueiras e comprando bebidas prontas e industrializadas, que usam esses mesmos ingredientes, como sendo mais "seguras" (lembra dos jesuítas e as ervas medicinais indígenas? Pois é). Aprendi, logo no começo, que parte de decolonizar o pensamento e resgatar uma cultura é também olhar para esses saberes com todos os questionamentos e cuidados pertinentes, mas não deixar que os preconceitos nos afastem deles. Nem de quem os invoca no dia a dia, mantendo essa mesma cultura viva. Por isso, depois de questionar o dono do boteco que fazia as pingas curtidas, soube que parte do começo do trabalho com ingredientes novos passa por conversar com quem já os utiliza — sejam as benzedeiras e seus xaropes, as erveiras e suas garrafadas, os donos de botecos e suas macerações.

A parte "perigosa", no entanto, tem de ser levada em consideração. Nunca me afastei de buscar essas respostas, pelo contrário. Muitos dos ingredientes têm componentes tóxicos — mas é preciso entender a toxicidade de cada um, quando ele deve ser evitado pelo potencial de causar danos e quando a toxicidade só se manifesta se o consumo for muito excessivo ou frequente. Por isso, pesquisar incessantemente e conversar com botânicos, farmacobotânicos e gente especializada é essencial.

Saí inquieta do bar, querendo comprar um arsenal de potes, cascas, cachaça etc. Passei no entreposto, procurei alguns ingredientes. Me lembro de ficar muito ressabiada quando um dos comerciantes tirou lascas de catuaba de um saco.

A estranheza era tanta — com a aparência e com a minha falta de conhecimento sobre aquilo — que eu não saberia dizer se ele estava me vendendo casca de uma árvore ou um pedaço de madeira qualquer. O próximo passo era entender como me certificar da procedência desses ingredientes. Comprei. Depois, liguei para uma amiga botânica e levei as cascas para ela, que me confirmou serem da *Anemopaegma arvense*. Anos depois, encontraria produtores de vários dos ingredientes que passei a usar, fazendo um trabalho muito próximo de vários deles. Mas, naquele momento, era o que eu tinha. E nada iria me impedir.

Levei as cascas para o espaço de produção de insumos no meu bar. Pote de conserva higienizado em mãos e mais dúvidas: eu não sabia nem a proporção de catuaba para álcool que deveria usar para deixar a maceração acontecer. Fui na intuição: um quinto do pote de catuaba, completei com cachaça branca. No outro pote, fiz a mesma coisa usando vodca, por ser um destilado mais neutro — imaginei que para compreender de fato o gosto da catuaba, e destrinchá-lo, eu teria que dar um jeito de provocar a menor influência possível de outros sabores. A vodca cumpria essa função, já que os alcoóis neutros de cereais que havia conseguido eram de procedência e sabor duvidosos. Fechei as tampas. Não conseguia desgrudar o olho do pote. Imediatamente a catuaba começava a soltar uma espécie de tinta vermelha terrosa, devagar ia transformando a cor, e depois o sabor do líquido. Não sabia por quanto tempo deixar a maceração — pois afinal não havia manuais, não é mesmo? — e fui novamente olhar no dia seguinte. Ainda não tinha alterado tanto o sabor. Mais um dia. Pronto. A cor estava totalmente transformada, eu não mais segurava um pote com um líquido transparente e alguns pedaços de cascas, mas uma bebida densa e de um bordô vibrante tomava conta do recipiente, chegava a manchar o vidro. Não dava mais nem para ver a catuaba ali dentro, já camuflada de sua tintura. Abri o pote. Um cheiro de terra, meio acético e bastante alcoólico se desprendeu. Peguei uma colher, a mergulhei, resgatando algumas gotas do líquido. Experimentei, finalmente.

Que baita decepção. A mistura era tânica de modo que amarrava a boca mais que caju que não chegou ao ponto, quase como mastigar um chocolate 80% cacau. O negócio era amarrento. Tinha um retrogosto de terra, ainda por cima. Na dúvida entre jogar a coisa toda fora ou tentar utilizá-la para alguma receita, separei 100 ml do líquido e decidi abrir os aromas colocando um pouco de água — 50 ml. O gosto melhorava um pouco, mas o tanino ainda incomodava muito. Eu tinha um pouco de xarope de açúcar demerara e achei que poderia combinar — decidi adicionar 20 ml, talvez a doçura quebrasse um pouco do amargor. Provei novamente. Uau. A minha primeira catuaba caseira estava pronta. Repeti tantas vezes a receita que, depois de habituada a ela, comecei a improvisar em cima da fórmula: fiz trocas do xarope de açúcar por licor de caju, caramelo de fava de aridã, de baunilha do cerrado. Coloquei vinho tinto, misturei a outras infusões, fiz vermutes. Experimentei colocá-la no uísque, no bourbon. Compartilho aqui com vocês a minha receita preferida, testada e aprovada. Uma vez que você descobre o sabor de um ingrediente, ele se torna mais uma peça no alfabeto sensorial que você vai montando na cabeça, e uma ferramenta de sabor num mapa que vai se formando. O que harmoniza com catuaba, quais são seus principais aromas e sabores? Aqui você vai encontrar um mapa e sugestões de algumas harmonizações e receitas de drinques, mas sugiro que você monte os seus próprios, para acioná-los quando precisar, criando esse novo léxico, mais pessoal, dentro de você.

## CATUABA

**Nome científico:** *Anemopaegma arvense* DC
**Família:** Angiospermae/ Bignoniaceae
**Aparência:** arbusto perene, decíduo, ereto, pouco ramificado.
**Incidência:** perene, nativa do Sul e Sudeste do Brasil
**Perfil de aromas e sabores:** tânica, terrosa, adstringente, amarga, amarrenta

Quando coloquei catuaba no cardápio do meu bar pela primeira vez, em 2014, muita gente veio me perguntar se eu estava usando "aquela do Carnaval", ou "aquela da garrafa de plástico", ou ainda "é a Selvagem?" — numa referência ao nome de uma das marcas de vinho composto de catuaba mais vendidas no Brasil, especialmente durante o Carnaval. A minha resposta era rápida: catava um pedaço de pau de catuaba de um dos potes que ficava em cima do balcão do bar e mostrava para o cliente: "Não! A minha catuaba é selvagem de verdade, vem direto da mata: você já viu um pau de catuaba antes?". E oferecia a lasca da casca de árvore de cor de terra vermelha. Era sedutor demais, curioso demais e muita gente respondia prontamente que não fazia a menor ideia de que a catuaba era uma árvore. Como eu queria que as pessoas experimentassem o gosto da catuaba, também oferecia uma prova do meu licor pronto, para que todos pudessem sentir, para nunca mais esquecer, o tanino potente e o sabor terroso de uma catuaba. O primeiro coquetel que criei também era supersimples: a *Catatônica* — mistura do licor caseiro com água tônica. Depois, fui incorporando a catuaba em outros coquetéis e testando outras misturas. Continuo preferindo a catuaba sem muitas distrações.

Outro aspecto sobre a catuaba que pouca gente conhece é que ela está na lista de espécies ameaçadas de extinção no Brasil, considerada "vulnerável". Isso acontece tanto pela exploração extrativista predatória por parte da indústria farmacêutica como, em menor escala, pela população que não faz o manejo adequado da planta. Por isso, ao comprar uma casca de catuaba, o ideal é que você saiba a procedência, para não contribuir ainda mais para sua degradação. Pelo contrário: acredito que é com conhecimento e interesse sobre os usos dessa planta que poderemos pressionar para que seu manejo seja feito de forma sustentável. Afinal, não queremos que a catuaba vire souvenir de mais um bioma que "tinha, mas acabou", não é mesmo?

Com as cascas corretas em mãos, e dispostos a ressignificar o uso para também incluir a catuaba na gastronomia de forma sustentável e a fim de mantê-la perene e saudável, seguem as receitas:

## LICOR DE CATUABA

  20 g    casca de catuaba
700 ml    vodca
100 ml    cachaça branca
200 ml    xarope de demerara
300 ml    água
150 ml    vinho tinto (opcional)

Em um pote hermético de vidro previamente higienizado, coloque a casca de catuaba, a vodca e a cachaça e deixe macerando, ao abrigo da luz, por 4 dias, mexendo diariamente. Quando estiver pronto, coe. Adicione a água, o açúcar e o vinho tinto se quiser e experimente. Ajuste a água e o açúcar a seu gosto.

O vinho tinto adiciona corpo e camadas de sabor à catuaba, oferecendo a ela um sabor mais "arredondado". Eu geralmente faço sem o vinho, mas vale você experimentar para ver como prefere.

### CATATÔNICA
*por Néli Pereira*

A original. Refrescante, amadeirada e amarguinha. Além disso, o coquetel tem baixo ABV (*low alcohol by volume*), ou seja, baixo teor alcoólico.

  60 ml    licor de catuaba
120 ml    água tônica

Coloque os ingredientes em uma taça com gelo e sirva com uma rodela de laranja.

## NEGRONI NATIVO
*por Néli Pereira*

---

Uma versão do Negroni tradicional usando a catuaba no lugar do vermute. O resultado é um coquetel mais amargo e amadeirado. Achei importante colocar a catuaba em um clássico para que as pessoas pudessem distinguir o sabor do ingrediente, que deve ser o protagonista do coquetel.

| | |
|---:|---:|
| gim | 30 ml |
| licor de catuaba | 30 ml |
| Campari | 25 ml |

Coloque os ingredientes em um mixing glass com gelo, mexa com cuidado com a bailarina. Coe e sirva em um copo baixo com gelo em cubos ou um cubo grande.

Como guarnição, você tem algumas opções:
- Molhe metade do copo e polvilhe com casca de catuaba.
- Sirva com uma lasca de casca de catuaba.
- Sirva com uma casquinha de laranja.

## SENEGAL
*por Néli Pereira*

---

Esse coquetel foi inspirado na bebida típica do Senegal e de outros países africanos, chamada de *Jus de Bissap*. O suco é bem popular e leva um tipo de hibisco e especiarias, além de água. Fiz o xarope de hibisco, adicionei o pó de catuaba, e o resultado é surpreendente: o azedinho do hibisco e o terroso da catuaba se complementam com o dulçor do açúcar. Decidi colocar umas folhas de hortelã para um frescor mais mentolado. Complexo e interessante. Quem disse que coquetel sem álcool tem que ser sem graça?

| | |
|---|---|
| 6 folhas | hortelã |
| 50 ml | xarope de catuaba e hibisco |
| 15 ml | limão-taiti |
| 100 ml | água com gás ou club soda |

Em um copo alto, coloque a hortelã, o limão e o xarope e macere. Complete com gelo e despeje a água com gás. Mexa com a bailarina para retirar o concentrado do fundo do copo. Sirva com um ramo de hortelã e polvilhe catuaba em pó por cima.

Para usar o xarope com bebidas alcoólicas, sugiro experimentá-lo no lugar do açúcar em um mojito ou adicionar 30 ml de xarope no seu gim-tônica.

### Para o xarope de catuaba e hibisco

| | |
|---|---|
| 10 g | hibisco seco |
| 10 g | catuaba em pó |
| 1 litro | água filtrada |
| 800 ml | xarope de açúcar |

Coloque o hibisco, a catuaba e a água em uma panela e deixe ferver. Coe. Adicione os 800 ml de xarope de açúcar. Engarrafe. Mantenha refrigerado. Validade de 30 dias.

*Atenção:* Mexa bem no fundo quando for usar porque a catuaba pode ter decantado.

A catuaba é somente mais um exemplo. A prática se dá com quase todo novo ingrediente que chega em minhas mãos. Que enigma me decifrará, que portas abrirá? Para descobrir isso, o colocava a macerar em diversos destilados: cachaça, vodca, gim, uísque, saquê e o que mais o perfil aromático pedisse. Fosse mais terroso, não perderia a chance de colocá-lo nos destilados mais picantes, com envelhecimento em carvalho. Quando experimentei macaçá pela primeira vez, por exemplo, o resultado foi surpreendente. Quando mastigadas frescas, as folhas *da Hyptis mollissima* Benth têm um amargor fino, quase ácido. Mas quando infusionadas em vodca — destilado neutro e que por isso acaba sendo o melhor "revelador" de sabores, já que não interfere no gosto do ingrediente — essas folhas ganham doçura, e depois de curtidas por três dias ganham notas de coco e baunilha, e o resultado é um líquido que lembraria um rum herbáceo, com bastante gosto de coco. Ou seja: as folhas vão meio que mostrando o caminho de como devem ser usadas, e isso acontece pelo sabor — esse componente tão mágico quanto os princípios ativos de cada uma delas, só que inexplorado. Esses experimentos são tão interessantes quanto necessários para que esses ingredientes façam de uma vez por todas o cruzo entre o amarguinho do remédio e o do boteco — "bom para o figueiredo" — e se tornem elementos de sabor, que dão camadas complexas aos coquetéis brasileiros.

## VERMUTE BRASILEIRO

| | |
|---|---|
| 5 g | macela seca |
| 5 g | camomila |
| 5 g | losna |
| 5 g | mastruz seco |
| ½ | puxuri |
| 5 g | erva-doce |
| 5 g | macaçá |
| 2 g | casca de limão-cravo |
| 5 g | cipó-cravo |
| 5 g | sassafrás |
| 10 g | caju seco |
| 250 ml | vodca ou álcool neutro de cereais |
| 1 litro | vinho branco moscatel |
| 60 ml | xarope de baunilha do cerrado (ver p. 32) |
| 100 ml | brandy |

Em um pote hermético de conserva previamente higienizado, coloque os botânicos e a vodca, além de 250 ml de vinho. Feche a tampa. Deixe ao abrigo da luz por 10 dias. Coe a mistura. Em outro pote, adicione a mistura inicial coada a mais 500 ml de vinho, adicione o brandy e o xarope. Guarde por três dias antes de beber. Experimente e ajuste o álcool e o açúcar se necessário. Mantenha na geladeira.

*Dicas da bartender*

- Guarde todos os seus vermutes e bebidas de base vínica sempre na geladeira. Fora, eles oxidam. Também atente para o prazo de validade. A maioria dos vermutes vai perdendo a qualidade depois de um mês aberto.

## A COQUETELARIA "APOTECÁRIA"

Os testes iniciais e as primeiras buscas por ingredientes já deixavam bem claro qual seria meu trabalho pela frente: descobrir os sabores de plantas até então apenas usadas na medicina popular e nas garrafadas, desenvolver coquetéis a partir delas e desvendar, no caminho, como elas foram parar nos botecos para enfim levá-las até os bares de coquetelaria e aos nossos copos. Para que a gente possa tomar para nós o que é nosso.

O que eu procuro mostrar — neste livro e no bar — é que no Brasil nós temos a técnica e os ingredientes necessários para fazer uma coquetelaria autoral e nacional, deixando de importar tanta coisa e usando mais o que é da terra.

Logo que fiz os primeiros testes no meu bar, já ciente de que a proposta era uma pesquisa de sabor sobre os ingredientes brasileiros respeitando e identificando os tradicionais, decidi pesquisar sobre as tendências da coquetelaria no mundo. Meu faro jornalístico não me abandonara, e lá fui eu apurar: afinal, eu pensei, não devo ser a única a ter tido a ideia de usar botânicos nacionais, explorar a flora local para esse fim, resgatando técnicas antigas. E certamente não era.

A primeira busca, na internet mesmo, em 2013, me levou ao conceito da "coquetelaria apotecária", movimento que despontara poucos anos antes, por volta de 2008, evidenciado pela abertura de bares como o Apothecary, na Filadélfia, o Cure, em Nova Orleans, e o Apotheke, em Nova York. Os nomes entregam o conceito desses locais: drinques com uma pegada "farmacêutica" (com todas as aspas), usando técnicas dos antigos boticários e abusando das referências não apenas nos coquetéis, mas também no cenário. Vidros que remetiam a frascos de remédio, prateleiras simulando laboratórios e, em alguns casos, até bartenders vestindo jalecos como se fossem médicos ou cientistas. O Apotheke até hoje deixa bem clara a proposta: "todos os ingredientes são feitos artesanal e diariamente no próprio bar, usando produtos orgânicos, ervas e botânicos". No cardápio desses bares, além de muitas criações autorais repletas de ingredientes artesanais, encontramos alguns clássicos conhecidos como "restauradores" e usados, tempos atrás, como "*pick-me-ups*", ou seja, para reanimar e resgatar clientes com ressaca. Isso mesmo. Drinques potencialmente capazes de "levantar defunto" — eis o nome de um clássico desse estilo, o Corpse Reviver.

Nesses bares cheios de referências "farmacêuticas", entre as muitas garrafas dispostas, algumas indicam a razão do ressurgimento do conceito: os vidrinhos de bitters.

### CORPSE REVIVER N. 1

- 22 ml  gim
- 22 ml  triple sec
- 22 ml  Lillet blanc
- 22 ml  limão-siciliano
- 3 ml   xarope de açúcar
- 2 *dashes*  absinto

Bata todos os ingredientes em uma coqueteleira. Coe e sirva em uma taça coupé previamente gelada.

## CORPSE REVIVER N. 2

|  |  |
|---|---|
| calvados | 30 ml |
| conhaque | 30 ml |
| vermute rosso | 30 ml |
| absinto | 1 *dash* |

Mexa todos os ingredientes em um mixing glass com gelo. Coe e sirva em uma taça previamente gelada.

### BITTERS

Os bitters já apareceram aqui na nossa história, lá atrás, quando eram usados medicinalmente, e depois cruzaram a fronteira do bar. Você deve lembrar que apresentei alguns dos mais famosos, como a Angostura e o Peychaud. Para relembrar, bitters são compostos aromáticos de sabor, concentrados preparados a partir da maceração de ervas, cascas, frutos e raízes e usados em pequenas quantidades — geralmente conhecidas como *dashes* — em coquetéis. Ou, para facilitar, é o que eu costumo chamar de "o tempero do drinque" — ele faz o mesmo efeito nos coquetéis que o uso de temperos como ervas finas, tomilho e orégano tem nas comidas. E, apesar do nome, *bitter* ("amargo", em inglês), esses compostos não "amargam" a bebida, mas "arredondam" seu gosto, finalizam com um quê a mais, aromático. A Angostura sempre bem tânica, herbácea; o Peychaud com um toque anisado e floral; sem contar os bitters de cacau, de laranja, os defumados... os sabores são múltiplos. As garrafinhas, sempre de mais ou menos 100 ml, ou no máximo 200 ml, com teor alcoólico de cerca de 45%, são poderosas: cada gota é preciosa e potente, capaz de transformar um drinque qualquer em um clássico. E foi justamente o resgate de clássicos esquecidos da coquetelaria que impulsionou o ressurgimento das garrafinhas dos bitters nos bares, no início dos anos 2000, e também o interesse de bartenders e mixologistas em criar suas próprias versões artesanais, usando ingredientes locais — muitos deles usados apenas na medicina — e recuperando técnicas apotecárias. O mundo dos botânicos se abria, já que eram eles que integravam as receitas de muitos dos preparos.

Os bitters tinham praticamente desaparecido dos bares norte-americanos e europeus em razão da regulação mais rígida à venda de álcool. Nos Estados Unidos, o primeiro golpe veio em 1906, com a aprovação do Pure Food and Drug Act, que esclareceu as fronteiras entre os medicinais e as bebidas — não se podia mais usar a desculpa de estar adicionando algumas gotinhas de álcool à água com gás porque fazia "bem para o estômago". Ali, muitos fabricantes pequenos ou clandestinos deixaram de produzir seus elixires medicinais. Mas o nocaute veio mesmo com a Lei Seca ou o "Nobre Experimento", que vigorou nos Estados Unidos entre 1920 e 1933 e baniu a fabricação, venda e transporte de bebidas alcoólicas no país. Mesmo com os chamados "speakeasies" — bares clandestinos que funcionavam vendendo bebidas geralmente em porões e que atendiam "na boca miúda", onde se precisava "falar [speak] baixinho [easy]" —, os bitters foram deixados para trás, salvo raríssimas exceções. Era preciso mais que alguns *dashes* aromáticos para camuflar o sabor do álcool de péssima qualidade, produzido clandestina e artesanalmente, burlando as leis proibitivas. Entram em cena os sucos, as frutas, o mel, o açúcar, e novos clássicos vão surgindo — coquetéis como Last Word, Bee's Knees e os sours como Sidecar, White Lady.*

---

\* Sobre bitters, recomendo o livro de Brad Thomas Parsons (*Amaro: The Spirited World of Bittersweet, Herbal Liqueurs, with Cocktails, Recipes, and*

Adormecidos por décadas, os bitters começaram o retorno aos bares timidamente apenas a partir do início dos anos 1990, quando houve um resgate da coquetelaria clássica (pré-proibição). Vários desses drinques levavam os bitters em suas receitas, como Manhattan, Old Fashioned, e até o simples Pink Gin. Para servi-los, portanto, era preciso recorrer às pequenas garrafinhas. O resgate dos clássicos foi, desse modo, essencial para o ressurgimento dos bitters, aliado ao retorno da produção artesanal de insumos nos bares de coquetelaria, também a partir de 1990. E tudo isso se deve principalmente a um bartender que se tornou conhecido como o "Rei dos Coquetéis", o norte-americano Dale DeGroff. À frente do bar Rainbow Room, em Nova York, ele promoveu uma ruptura com a era mais decadente da coquetelaria, entre os anos 1970 e 1990, e foi um dos principais responsáveis pela redescoberta e o consequente renascimento da coquetelaria mais artesanal e sofisticada.

---

*Formulas*. Berkeley: Ten Speed Press, 2016) e seu website (<https://btparsons.com/>), e para os melhores bitters produzidos no Brasil, Zulu (<https://www.instagram.com/zulubittersoficial/>).

BITTER × AMARO

Se você ficou em dúvida sobre a diferença entre *bitter*, aperitivo e *amaro*, segue um tira-teima:

Bitters são agentes aromáticos de sabor, não potáveis, de graduação alcoólica em torno de 45% e não são consumidos puros, mas diluídos. Exemplos: Peychaud e Angostura.

Aperitivos são chamados de bitters potáveis, prontos para serem consumidos, com graduação alcoólica geralmente entre 11% e 16%. Exemplos: Campari e Aperol.

Amaros são as bebidas feitas a partir de um ingrediente amargo, macerado a outros botânicos e finalizado com algum tipo de caramelo. Prontos para serem consumidos, a graduação alcoólica geralmente fica entre 11% e 40%. Exemplos: Averna e Lucano.

Em comum, todos eles são feitos a partir da maceração de ervas, cascas, raízes e frutos em base alcoólica.

NO FIM DO ARCO-ÍRIS

Agora, pense comigo no cenário dos anos 1970 e 1980 — o que vem à cabeça? A era da discoteca, as pistas e seus neons luminosos, as roupas espalhafatosas e as calças boca de sino. Depois disso, os anos 1980, os cabelos coloridos, as peças fluorescentes, os glitters, a explosão do fast-food. Na cozinha, a substituição dos alimentos frescos por aqueles industrializados, que facilitam a vida "moderna". Suco de caixinha, pão de fôrma de saquinho, refrigerantes e tudo o mais que pudesse ser enlatado. Os coquetéis não são algo separado do contexto das épocas em que estão imersos, e geralmente seguem as mesmas tendências — musicais, gastronômicas e da moda. Por isso, os drinques coloridos, com nomes como Sex on the Beach, Long Island Ice Tea, Blue Hawaii, Pink Squirrel, Slow Screw e Singapore Sling, fizeram sucesso nessas décadas, ao lado dos coquetéis de camarão, das sobremesas muito decoradas, dos licores após as refeições. Para que espremer limão e laranja no bar se tem suco pronto? E que tal um azul-piscina no seu coquetel com a ajuda de um licor Curaçao Blue? Drinques de quatro cores como as roupas? Claro! Com nomes cheios de trocadilhos? Óbvio. Torneiras de refrigerante em refil para fazer drinques, e por aí vai. Cada década brinda com as referências disponíveis. A nossa está brindando ao retorno à terra, ao mesmo tempo que levanta latinhas de coquetéis industrializados — a era dos extremos.

Quando Dale DeGroff chegou ao Rainbow Room, em 1987, os anos 1980 poderiam ser representados por uma Nina Hagen já despenteada e perdendo o fôlego, em fim de carreira. Havia quase uma indigestão no ar, provocada por décadas indulgentes. Nesse cenário, a *nouvelle cuisine* despontava como um contrapeso: no lugar de volume, qualidade. Na moda, os tailleurs, a alfaiataria, o "vintage". Nos coquetéis, DeGroff se preparava para a maior revolução das taças em alguns anos.

Dale não perdeu tempo ao perceber a qualidade da gastronomia. Se os insumos saíam frescos da cozinha, também sairiam frescos do bar. Além disso, ele mergulhou na pesquisa dos anos de ouro da coquetelaria, antes da Lei Seca, e nos clássicos bem-feitos.

Parece simples, mas o que conhecemos como o ofício de bartender hoje deve muito ao que ele fez naqueles anos. O preparo dos insumos frescos, a pesquisa de ingredientes e receitas e seu aprimoramento, o conceito, o equilíbrio milimétrico de sabores. Ele atualizou o bartender, puxou pelas mãos a profissão para a sua nova era. Devemos a ele, também, o uso atual da palavra "mixologista", que ele resgatou, ao lado de algumas receitas, de livros fundamentais de autores precursores como Jerry Thomas e Harry Johnson.

A coquetelaria clássica recuperada por Dale DeGroff trazia muitos bitters, xaropes, infusões, clarificações e outras técnicas e ingredientes de volta aos bares. A partir dele, portanto, todos esses elementos começaram, devagarinho, a voltar às prateleiras dos bares e ao dia a dia do trabalho do bartender. No fim do arco-íris do Rainbow Room, havia sim um pote de ouro para a coquetelaria, e nos banhamos dele até hoje.

A curiosidade atiçada — e, claro, a competição acirrada e incentivada por marcas e concursos de "melhores bares", "melhores coquetéis", "melhores bartenders" — fez muitos começarem a pesquisar por ingredientes frescos para suas infusões e xaropes, e também para criar seus próprios bitters. Ao fazer isso, havia duas vantagens, pelo menos: a personalização de sabores e a redução de custos, já que a produção artesanal substituía muitos dos produtos comprados prontos e imprimia uma "marca" pessoal aos drinques. Isso puxou também o mercado: até 2003, apenas três marcas de bitters estavam na disputa: além de Angostura e Peychaud, também a Fee Brothers. Hoje, são centenas pelo mundo todo, com algumas grandes, como Bittermens e Reagans. Com eles, veio o retorno dos amaros, dos vermutes e de outros ingredientes sem os quais os coquetéis clássicos não seriam possíveis. Nem os contemporâneos.

## 13. *Spirit* dos tempos

Na busca por novos ingredientes, os bartenders fizeram como os cozinheiros: foram procurar no entorno por ingredientes, já que muitas das receitas permitiam e pediam substituições. Raízes amargas crescem com amargores e amarguras diferentes em cada solo, cada qual com a sua beleza e sabor. Lascas de árvores se desprendem em todos os tipos de floresta, assim como as folhas que crescem de seus galhos. Ao fazer a "colheita" para personalizar seus insumos — ou o forrageio (*foraging*, como a prática ficou conhecida) —, os bartenders se reaproximaram dos seus *terroirs* e passaram a descobrir ingredientes e sabores, e a produzir coquetéis que carregavam a marca do seu entorno: seus cheiros, mofos, securas ou umidades, o sol que bate ou as nuvens que encobrem.

Depois de percorrer esse caminho que começou pela minha apuração do uso de botânicos locais e medicinais na coquetelaria, eu percebi que certamente não estava sozinha na minha busca e nos meus testes. Havia um movimento do qual minha pesquisa fazia parte, uma tendência de resgate despontando em muitos lugares do mundo, e ele estava ligado ao retorno à terra. Um resgate que vem sendo observado na coquetelaria e em muitas outras frentes. E não é para menos.

Um olhar mais atento e decolonizado aos sabores e saberes locais é um fenômeno global. Paira no espírito do nosso tempo antropoceno uma necessidade de observar com mais atenção o meio ambiente que nos cerca, sua devastação e o necessário e consequente retorno às tecnologias ancestrais de manejo, sustento e sustentabilidade da cadeia alimentar e produtiva, capazes de frear seu aniquilamento. No Brasil, essa devastação acontece a passos largos, e os povos ancestrais já alertam para uma eventual "queda do céu", quando a natureza nos dará um "basta", já há tempos adiado.

A queda é prevista por um poderoso xamã. No aviso, Davi Kopenawa diz que "só existe um céu e [que] é preciso cuidar dele". Além da previsão, a essa altura quase irreversível, o xamã nos indica uma forma de prevenir a catástrofe: para evitar que o céu se quebre e despenque sobre nós, é preciso cuidar das florestas e dos povos que sempre a protegeram e foram por ela protegidos. Caso contrário, o céu sufocará e desabará. A extinção da floresta é, portanto, a extinção de tudo que conhecemos, de todos nós. As palavras do xamã são ouvidas com atenção e lidas com respeito e reverência: seu povo é o que primeiro sente a devastação das nossas matas — tanto pela proximidade quanto pelo conhecimento. São eles que vêm se abrigando e defendendo a floresta, é por eles e suas avançadas tecnologias que ela ainda resiste, de pé. Voltamos nossos ouvidos ao xamã para aprender lições sobre a terra, pois ele e seu povo jamais a abandonaram nem se esquivaram de por ela lutar. "Por que eu luto? Porque estou vivo", diz ele.

Não ouvimos os xamãs e os pajés durante muito tempo, ensurdecidos pela falsa ideia de progresso desenfreado de que os povos indígenas e suas visões de mundo não representariam nada além de atraso. A selvageria em seus novos trajes: industrial, capitalista, neoliberal. Agora, na iminência do desabamento do céu, perdemos tanto os laços com a natureza que tememos perdê-la de vez ao assistir à sua criminosa devastação. A voz dos povos da floresta, sufocada por tanto tempo pelo barulho das motosserras e pelos tiros dos garimpeiros, emite um grito de desespero e de resistência: sua gente e seu entorno morrem com as matas, eles já presenciaram isso. E agora, nos dão a chance de não ver o mesmo acontecer com todos nós. E nos enviam recados, da floresta. Dessa vez, a surdez é seletiva, como parece ser aceitar a verdade ou a ciência em nosso mundo, virado de ponta-cabeça. Somos nós que estamos despencando sob o céu, o matando aos poucos. Mas alguns ouvem atentos e preocupados as palavras do xamã e recorrem a ele para voltar a se integrar à natureza, honrar essa conexão.

A partir do xamã, ressurgem referências de outros guardiões das matas e dos saberes ancestrais, e suas práticas são rapidamente reproduzidas, devida ou indevidamente. Rituais são invocados e ressignificados em tantas formas quantas se pode imaginar, desesperadamente. Ressurgem das cinzas das fogueiras tais como a fênix, bruxas incineradas, suas sabedorias e caldeirões, se desprendendo como fumaça do fogo. Pajelanças ganham novos rituais e adeptos. Voltam a ser construídos os temazcais, a ser inalado o rapé, a ser ingerida a jurema, a ayuasca. Rufam novamente os tambores que facilitam o transe e a reconexão. Sementes crioulas são replantadas, técnicas resgatadas, remédios antigos voltam a curar com ervas que sempre estiveram aqui. A desterritorialização é tão grande que sentimos a necessidade de aterrarmo-nos, de nos dar raízes, sentido. E buscamos cura e reconexão em rituais antigos e na ancestralidade que cada um reconhece, ou escolhe. Aterrar nunca foi tão difícil e tão necessário. O recado do xamã está repassado e o convite, feito. Para honrá-lo em seus coquetéis, é preciso brindar às suas raízes. Espero que agora você possa reconhecê-las pelo gosto. Quando eu comecei esta pesquisa, eu certamente não conseguiria.

Esse movimento ainda era muito incipiente quando comecei esses estudos, lá em 2012. Na época, encontrei bartenders como Laércio Zulu, Marco de la Roche, Adriana Pino e Jean Ponce que realizavam muitas receitas com ingredientes nacionais — o Zulu inclusive como fabricante de bitters brasileiríssimos. Jean já pesquisava sobre madeiras brasileiras e sua influência no sabor da cachaça, ao lado de outros desbravadores como Felipe Jannuzzi. Pino fazia coquetéis com alguns ingredientes brasileiros, como o jambu. Outros como Alex Mesquita, Michelly Rossi, Márcio Silva e Spencer Amereno eram exímios produtores de insumos artesanais: xaropes, infusões, clarificações. Spencer e Michelly, inclusive, incansáveis pesquisadores da coquetelaria clássica. Mas havia uma brecha de Brasil, e só nosso país me interessava... e eu a segui. "Há uma fresta em tudo", dizia Leonard Cohen. "É por ali que a luz entra." Eu segui esse feixe de luz, embora tateando no escuro em boa parte do caminho. Mas guardiões da nossa cultura iam alumiando aqui e ali, me guiando para que eu não perdesse de vista a nossa terra. E já que somos uma cultura que resiste nas frestas, foi por elas que decidi percorrer, referenciando quem veio antes de mim e batendo o chão (ou cortando a mata?) para trilhar um novo caminho que mais gente pudesse percorrer. Registrar essa pesquisa era fundamental, assim como inaugurar a bibliografia sobre coquetéis e misturas brasileiras, para que outros pudessem ter referências e serem igualmente alumiados. Cá estamos.

Como se pode perceber, não há poção mágica ou pó de pirlimpimpim que tenha caído sobre mim e que me possibilitasse fazer essas misturas ou descobrir esses sabores. Há testes, tentativas e erros, pesquisa incessante. Talvez por isso eu sempre tenha ficado desconfiada quando alguém relacionava meu trabalho com "bruxaria" — porque parecia que era algo mágico, que eu era uma espécie de escolhida para aquilo e que o conhecimento havia sido "despejado" sobre mim com o poder da ancestralidade, amém. Eu jamais negaria a intuição desse tipo de trabalho: eu larguei uma carreira sólida no jornalismo para me dedicar a ele. Mas a intuição serve mais para farejar um caminho que é trilhado com muito trabalho e esforço, e com muita insistência. Tem caldeirão? Tem. Mas não tem poção mágica não. Magia quem faz é a natureza, por nos oferecer tantas possibilidades.

Embora eu não me sinta tão confortável com a referência da bruxa, ela é pertinente, se a gente pensar bem. Olhamos o mundo com um filtro formado por nosso repertório, e cada um resgata as referências que tem para dar sentido ao que presencia. Para a maioria das pessoas, alguém mexendo com ervas e líquidos e transformando a natureza é uma coisa meio mística — bruxas, alquimistas, curandeiros — ou meio familiar: algo que sua avó fazia, no quintal de casa. Até algum tempo atrás, essas práticas ficaram tão distantes do nosso dia a dia que era preciso buscar referências antigas para compreendê-las. Não mais. O retorno à terra — seja em busca de alimento para o corpo ou para a alma — é parte do espírito — e do *spirit* — do nosso tempo.*

Proponho um brinde a todos vocês, leitores que me acompanharam nesta jornada a contrapelo pela história da mistura de

---

* O termo *spirit* vem do inglês, destilado, o espírito das bebidas — o álcool, referência que remete à espagiria e alquimia.

ervas e álcool que nos levou a tantos lugares e a brindes com tantos personagens. Um brinde ao Brasil, seus sabores e saberes.

Agora, segue aqui a receitinha do Umami Jururu, logo depois de uma ode à jurubeba.

A JURUBEBA É POP

Gilberto Gil e a famosa dupla Pirapó e Cambará cantaram a ela, o jornalista Xico Sá dedicou toda uma teoria sobre o masculino a partir dela (o extinto "macho jurubeba"). Árvores carregadas de seus frutos são encontradas tanto em terrenos baldios como nas margens de grandes avenidas. Plena, perene, absoluta. A jurubeba é "tchubiruba", rainha pop das garrafadas, presente em dez de cada dez bons bares, anda na boca do povo, uma belezinha.

A fama se justifica: seu fruto amargo, carnudo e suculento é primo do tomate, e pertence à mesma família das solanáceas. Abra uma jurubeba ao meio e vai perceber as mesmas sementinhas, um líquido pegajoso, a textura do tomate e de outro parente próximo: o pimentão. A jurubeba, nome de guerra de *Solanum paniculatum*, é generosa: além da fruta, a árvore ainda tem uma raiz poderosa, que nos oferece alguns dos amargos mais herbáceos e terrosos.

Embora cheia de qualidades, foram as propriedades medicinais que fizeram da jurubeba uma celebridade. Um desperdício de potencial, na minha humilde e devota opinião. Como metida a sommelier da planta, daquelas que já pulou muito muro de terreno baldio para colher uns galhos carregados de frutos clandestinamente, posso afirmar com segurança que é ingrediente como poucos, repleta de sabores tão corriqueiros quanto complexos. Se você nunca parou para sentir a surpresa da frutinha verde estourar na boca, quebrando sua rija e consistente casca, revelando toda a suculência amarga e adocicada de dentro dela, não perca mais tempo. O líquido vai invadindo a língua, toma o paladar. É bom até de dizer o nome ju-ru-be-ba, faz biquinho com a boca "juru", imita bebê, "béba". Beba jurubeba e não fique jururu.

Embora perene e abundante de norte a sul do país, originária do Rio Grande do Sul, a jurubeba tem uma linha extinta, segundo Xico Sá. A dos "machos jurubeba" — aqueles que, segundo o jornalista, "não usam nem xampu, no máximo um sabão de coco", senhores do lar e reis do patriarcado machista, e em extinção. Sá dedicou uma teoria toda sobre esse espécime masculino que ainda insiste em sobreviver, embora agonizante. Haja jurubeba para acalmar tanta gastura no figueiredo e no estômago causada por esses seres anacrônicos. Brindaremos sua extinção completa em breve, tenho certeza.

Mas Xico Sá também se revestiu de enólogo para avaliar as percepções sensoriais do famoso vinho de jurubeba Leão do Norte. A nossa frutinha tem dessas coisas — além de popular nas garrafadas e preparos medicinais, é usada in natura imersa em cachaças nos potes de conserva dos botecos, e já tem até linha de produção industrial, criada em 1920 e que perdura até hoje. A bebida, popular em armazéns e pés-sujos, não custa mais do que alguns reais, e leva na composição ainda cravo-da-índia, canela, quassia, boldo-baiano, genciana, fedegoso e velame-branco. O gosto da jurubeba, tadinho, fica meio camuflado, e bastante industrializado. Mas ajudou a popularizar a planta e a levá-la das farmácias aos bares. Sá, irônico e carinhoso, "analisa" que a bebida tem "perfil aromático limpo e complexo. [...] O tanino de caráter rijo junta-se ao caramelo de milho e dá tintas finais a uma coloração entre o rubi e frutas negras do semiárido — com halo aquoso ainda em formação".*

Da literatura de boteco ou não, a jurubeba também chegou à fama popular pela música, sendo exaltada por ninguém menos que Gilberto Gil. A letra da música de Gil, gravada no álbum *Gil & Jorge: Ogum, Xangô*, dá pistas sobre sua aparência, uso e versatilidade:

> *Quem procura acha cura, flor de jurubeba*
> *Quem procura acha na raiz de jurubeba*
> *Tudo que é de bom pro figueiredo e que se beba.*
>
> *Feito vinho, feito chá*
> *De licor, de infusão*
> *Jurubeba, jurubeba, planta nobre do sertão.*

Traduzindo em miúdos, a raiz, a flor e o fruto da jurubeba têm função hepatoprotetora comprovada cientificamente — ou, como dizem Gil e as boas línguas, "é boa para o figueiredo". Além desta, outros princípios ativos conhecidos da planta atuam no combate à anemia e como tônico e digestivo. Comum em diversos preparos medicinais, logo chegou às prateleiras dos bares em forma de "vinho, feito chá, de licor, de infusão". Cena comum nos botecos do Brasil é o cliente encostar no balcão e pedir uma dose da cachaça com jurubeba "pro fígado". Desculpa esfarrapada, mas com fundamento científico. Entorna o copinho, brinda à saúde, despeja os trocados pelo balcão e segue, autoenganado e satisfeito. A jurubeba há de cumprir seu efeito.

---

* Xico Sá, "Enologia selvagem: Vinho jurubeba (1)". Blog do Xico Sá, *Folha de S.Paulo*, 5 ago. 2014.

## JURUBEBA

**Nome científico:** *Solanum paniculatum*
**Família:** Angiospermae/ Solanaceae
**Aparência:** árvore frutífera que mede de 3 a 5 metros
**Incidência:** perene no Brasil e originária da região Sul do país, próxima à bacia do Prata
**Perfil de aromas e sabores:**
Fruto: amargo, carnudo, ácido, adstringente, levemente adocicado
Raiz: amarga, herbácea, mentolada, picante

O uso popular da planta nos ajuda a entender por que a jurubeba é muito versátil como ingrediente para coquetéis. Seu fruto mais amargo e com um leve umami, quebrado e macerado em álcool de base neutra como cachaça e vodca, resulta em um líquido de amargo moderado, um pouco adocicado e ácido, como o tomate. Tem um bom desempenho em coquetéis salgados e aqueles que evocam o umami. Na maceração em vinho tinto, complementa o tanino com um leve amargor, e o vinho branco extrai do fruto sua doçura. Mil e uma utilidades, todas igualmente deliciosas.

Não bastassem as possibilidades do fruto, suas raízes tortas e levemente porosas são responsáveis pelos amargos mais herbáceos e mentolados que eu já provei. Basta macerá-las em álcool neutro — de cereais ou vodca, ou ainda em cachaça branca. Considero também sua raiz um dos ingredientes mais complexos nos preparos de vermutes e amaros, dispensando o emprego de várias outras ervas, cascas e raízes.

A seguir você encontrará receitas das macerações do fruto e das raízes e seu uso em coquetéis. Um deles, o Umami Jururu, está pronto para se tornar um clássico do pé-sujo aos bares de coquetelaria, já que leva dois ingredientes que facilmente se encontram (ou deveriam se encontrar) nos dois: jurubeba e Cynar. Saúde!

## MACERAÇÃO DE FRUTA DE JURUBEBA

| | |
|---|---|
| jurubeba madura (quanto mais madura, mais doce) | 200 g |
| vodca ou álcool de cereais neutro (até 45%) | 1 litro |

Em pote hermético de conserva previamente higienizado, macere um pouco as frutas, para quebrá-las. Deixe em infusão no pote fechado ao abrigo da luz por até 15 dias, mexendo o pote diariamente. Coe. Coloque em uma garrafa de vidro escuro e etiquete. Validade de um ano.

Use em coquetéis compostos para proporcionar sabores amargos, herbáceos e de umami, levemente adocicados.

## UMAMI JURURU
*por Néli Pereira*

| | |
|---|---|
| vodca macerada com jurubeba | 60 ml |
| Cynar | 30 ml |

Em um mixing glass, coloque gelo e adicione os ingredientes. Mexa com a colher bailarina. Coe em uma taça coupé previamente gelada. Use jurubeba em conserva como guarnição.

## O NIRVANA ENGARRAFADO
*por Néli Pereira*

---

50 ml   gim (preferencialmente os menos cítricos)
10 ml   vermute seco
5 ml    vinho de jurubeba Leão do Norte
10 ml   salmoura de jurubeba em conserva

Em um mixing glass, coloque gelo e adicione os ingredientes. Mexa com a colher bailarina. Coe em uma taça coupé previamente gelada. Use jurubeba em conserva como guarnição.

## TÔNICA BÉBA
*por Néli Pereira*

---

50 ml    vinho de jurubeba Leão do Norte ou infusão de jurubeba
120 ml   água tônica

Em um copo longo, coloque gelo, o vinho e complete com a tônica. Mexa com cuidado com a colher bailarina. Como guarnição, use uma rodela de limão.

1ª EDIÇÃO [2022] 5 reimpressões

ESTA OBRA FOI COMPOSTA POR MARI TABOADA EM MINION PRO E AVENIR
E IMPRESSA PELA LIS GRÁFICA EM OFSETE SOBRE PAPEL PÓLEN DA
SUZANO S.A. PARA A EDITORA SCHWARCZ EM NOVEMBRO DE 2024

A marca FSC® é a garantia de que a madeira utilizada na fabricação do papel deste livro provém de florestas que foram gerenciadas de maneira ambientalmente correta, socialmente justa e economicamente viável, além de outras fontes de origem controlada.